LES
ALLEMANDS *rouge*

A VALMY

Épisode des Guerres de la Révolution

PAR A. THÉNAULT

Officier d'Académie

36

S. PIERRE

QUAM TIME

A L'IMAGE

LE VIEIL

F.M.

OMNIA IN LABORE

REIMS

4° MICHAUD, LIBRAIRE-ÉDITEUR DE L'ACADÉMIE

23, rue du Cadran-Saint-Pierre, 23

M DCCC LXXXIX

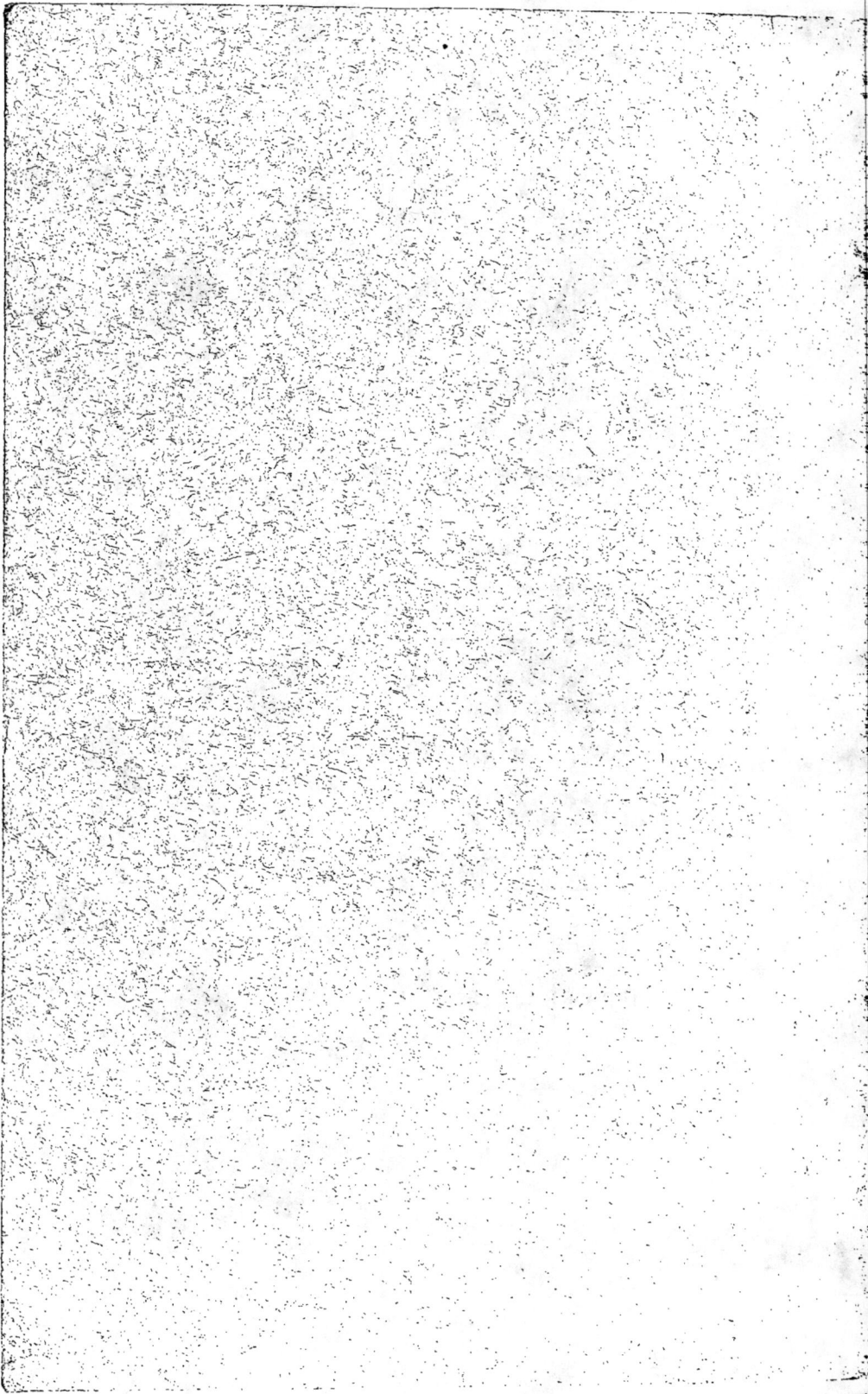

LES ALLEMANDS

A VALMY

LES
ALLEMANDS
A VALMY

Épisode des Guerres de la Révolution

Par A. THENAULT

Officier d'Académie

REIMS

F. MICHAUD, LIBRAIRE-ÉDITEUR DE L'ACADÉMIE

23, rue du Cadran-Saint-Pierre, 23

M DCCC LXXXIX

AVANT-PROPOS

LA bataille de Valmy est un des évènements les plus mémorables des temps modernes. C'est en quelque sorte une ligne de démarcation entre la société féodale et la société nouvelle.

Sans Valmy, la France était envahie et la contre-révolution étouffait la liberté peut-être pour de longs siècles encore.

Valmy fit tomber toutes les craintes, dissiper toutes les inquiétudes à cet égard ; il fit plus, il fit éclore des vertus patriotiques et un courage jusqu'alors inconnus.

Valmy commença cette série de luttes et de combats qui firent promener nos phalanges victorieuses dans toute l'Europe, et flotter notre drapeau triomphant dans toutes les capitales.

Valmy fut la porte du Caire, de Rome, de Vienne, de Berlin, de Madrid et de Moscou.

Valmy, en un mot, fut la gloire, l'héroïsme et la suprématie de la France.

A ces titres, personne ne devrait ignorer l'histoire de la bataille de Valmy ; aussi, c'est cette pensée qui nous a surtout préoccupé en écrivant l'histoire de Valmy (1) et qui nous décide à en extraire l'opuscule que nous publions aujourd'hui, en protestant toutefois que, pour raconter un fait si glorieux et dont les conséquences furent si grandes, il eût fallu une plume plus éloquente et mieux exercée que la nôtre. Mais, enfant du pays, nous avons compté sur l'indulgence de nos Lecteurs.

Puissent nos efforts avoir atteint le but que nous nous sommes proposé : faire aimer la France, la servir avec courage et chercher à imiter les vertus et les exemples que nous ont légués nos pères.

---

(1) *Histoire de Valmy.* — Ouvrage couronné par l'Académie nationale de Reims, 1874.

COMBAT de VALMY le 20 Septembre 1792.

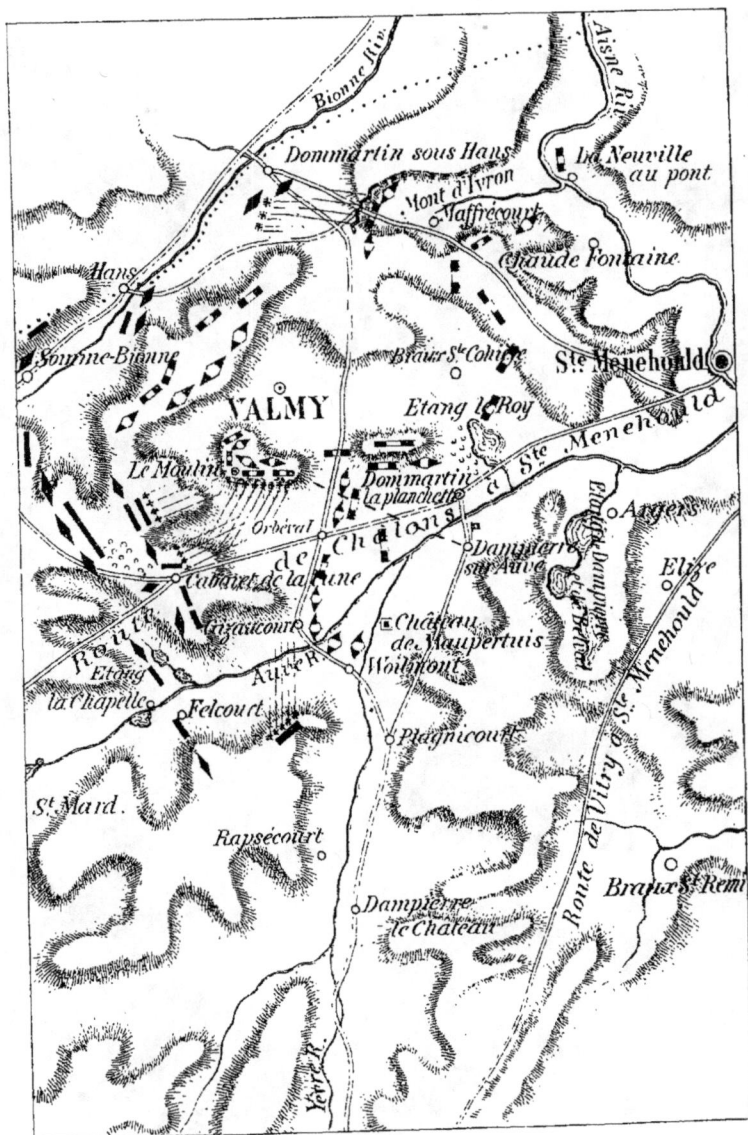

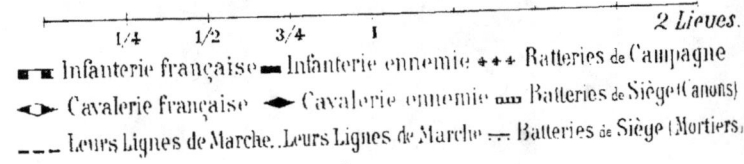

COMBAT de VALMY le 20 Septembre 1792.

2 Lieues.

1/4   1/2   3/4   1

▪▬ Infanterie française ▬ Infanterie ennemie ✦✦✦ Batteries de Campagne
◆ Cavalerie française ◆ Cavalerie ennemie ▬ Batteries de Siège (Canons)
--- Leurs Lignes de Marche. ..Leurs Lignes de Marche ══ Batteries de Siège (Mortiers)

CHAPITRE Ier

État de la France en 1789. — Les émigrés. — Traité de Pilnitz. — L'Assemblée nationale déclare la guerre à l'Autriche et au roi de Prusse. — Manifeste du duc de Brunswick.

DEPUIS un siècle, la France flottait indécise sur deux courants opposés. D'un côté la Nation, de l'autre la Royauté.

L'abîme creusé en 1789 était devenu immense et ne pouvait plus être comblé que par l'écrasement de la Nation ou de la Royauté : la Royauté succomba, et avec elle la Noblesse et les classes privilégiées qui l'étayaient.

Le triomphe du Tiers aux États généraux (23 juin), la prise de la Bastille (14 juillet), les décrets de la nuit du 4 au 5 août abolissant tous les privilèges, et enfin les fameuses journées des 5 et 6 octobre, sapèrent le trône dans sa base et effrayèrent la

noblesse, qui prit la fuite et alla soulever les colères
du peuple en dirigeant contre la patrie les armes de
l'étranger.

Le roi, qui n'avait plus qu'une ombre d'autorité,
suivit le funeste exemple qui lui était donné et essaya
de fuir à son tour; mais il fut arrêté à Varennes
(21 juin 1791) et ramené à Paris, où il fut retenu pri-
sonnier aux Tuileries.

Cependant les émigrés étaient parvenus à gagner
à leur cause les puissances étrangères qui, le 27 août,
signèrent le traité de Pilnitz, dont le but était de
démembrer la France et d'arrêter la Révolution.

Mais la nouvelle de cette convention, loin de
calmer les esprits, ne fit que les aigrir davantage, et
l'exaspération allant chaque jour croissant, le 20 avril
1792, l'Assemblée déclara la guerre à l'empereur
d'Autriche, puis au roi de Prusse, et décréta qu'un
camp de vingt mille hommes serait rassemblé sous
les murs de Paris.

Au mois de juillet, les troupes étrangères s'assem-
blèrent sur nos frontières, dans le Luxembourg, et
annoncèrent qu'elles entreraient en France au mois
d'août.

L'Assemblée répondit à cette déclaration par un
appel aux armes et en déclarant la patrie en danger
(11 juillet).

Le 25, le duc de Brunswick, qui avait reçu le com-

mandement en chef des armées coalisées, lança l'insolent manifeste qu'on va lire, et franchit la frontière
le 29 :

MANIFESTE DU DUC DE BRUNSWICK.

« Leurs Majestés l'empereur et le roi de Prusse
« m'ayant confié le commandement des armées com-
« binées qu'ils ont fait rassembler sur les frontières
« de France, j'ai voulu annoncer aux habitants de ce
« royaume les motifs qui ont déterminé les mesures
« des deux souverains, et les intentions qui les
« guident.

« Après avoir supprimé arbitrairement les droits et
« possessions des princes allemands en Alsace et en
« Lorraine, troublé et renversé dans l'intérieur le bon
« ordre et le gouvernement légitime, exercé contre
« la personne sacrée du roi et contre son auguste
« famille des attentats et des violences qui sont encore
« perpétrés et renouvelés de jour en jour, ceux qui
« ont usurpé les rênes de l'administration ont enfin
« comblé la mesure en faisant déclarer une guerre
« injuste à Sa Majesté l'empereur, et en attaquant ses
« provinces situées en Pays-Bas ; quelques-unes des
« possessions de l'empire germanique ont été enve-
« loppées dans cette oppression, et plusieurs autres

« n'ont échappé au même danger qu'en cédant aux
« menaces impérieuses du parti dominant et de ses
« émissaires.

« Sa Majesté le roi de Prusse, uni avec Sa Majesté
« impériale par les liens d'une alliance étroite et défen-
« sive, et membre prépondérant lui-même du corps
« germanique, n'a donc pu se dispenser de marcher
« au secours de son allié et de ses co-états, et c'est
« sous ce double rapport qu'il prend la défense de ce
« monarque et de l'Allemagne.

« A ces grands intérêts se joint encore un but éga-
« lement important et qui tient à cœur aux deux
« souverains, c'est de faire cesser l'anarchie dans
« l'intérieur de la France, d'arrêter les attaques por-
« tées au trône et à l'autel, de rétablir le pouvoir
« légal, de rendre au roi la sûreté et la liberté dont il
« est privé, et de le mettre en état d'exercer l'auto-
« rité légitime qui lui est due.

« Convaincus que la partie saine de la nation fran-
« çaise abhorre les excès d'une faction qui la sub-
« jugue, et que le plus grand nombre des habitants
« attendent avec impatience le moment du secours
« pour se déclarer ouvertement contre les entreprises
« odieuses de leurs oppresseurs, Sa Majesté l'empe-
« reur et Sa Majesté le roi de Prusse les appellent et
« les invitent à retourner sans délai aux voies de la
« raison et de la justice, de l'ordre et de la paix. C'est

« dans ces vues que moi, soussigné, général com-
« mandant en chef les deux armées, déclare :

« 1° Qu'entraînés dans la guerre présente par des
« circonstances irrésistibles, les deux cours alliées ne
« se proposent d'autre but que le bonheur de la
« France, sans prétendre s'enrichir par des con-
« quêtes ;

« 2° Qu'elles n'entendent point s'immiscer dans le
« gouvernement intérieur de la France ; mais qu'elles
« veulent uniquement délivrer le roi, la reine et la
« famille royale de leur captivité, et procurer à Sa
« Majesté très chrétienne la sûreté nécessaire pour
« qu'elle puisse faire sans danger, sans obstacles, les
« convocations qu'elle jugera à propos, et travailler à
« assurer le bonheur de ses sujets, suivant ses pro-
« messes et autant qu'il dépendra d'elle ;

« 3° Que les armées combinées protégeront les
« villes, bourgs et villages, et les personnes et les
« biens de tous ceux qui se soumettront au roi, et
« qu'elles concourront au rétablissement instantané
« de l'ordre et de la police dans toute la France ;

« 4° Que les gardes nationales sont sommées de
« veiller provisoirement à la tranquillité des villes et
« des campagnes, à la sûreté des personnes et des
« biens de tous les Français jusqu'à l'arrivée des
« troupes de Leurs Majestés impériale et royale, ou
« jusqu'à ce qu'il en soit autrement ordonné, sous

« peine d'en être personnellement responsables ; qu'au
« contraire, ceux des gardes nationaux qui auront
« combattu contre les troupes des deux cours alliées,
« et qui seront pris les armes à la main, seront traités
« en ennemis, et punis comme rebelles à leur roi et
« comme perturbateurs du repos public ;

« 5° Que les généraux, officiers, bas officiers et
« soldats des troupes de ligne françaises sont égale-
« ment sommés de revenir à leur ancienne fidélité et
« de se soumettre sur-le-champ au roi, leur légitime
« souverain ;

« 6° Que les membres des départements, des dis-
« tricts et des municipalités seront également respon-
« sables, sur leurs têtes et sur leurs biens, de tous les
« délits, incendies, assassinats, pillages et voies de
« fait qu'ils laisseront commettre ou qu'ils ne se seront
« pas notoirement efforcés d'empêcher dans leur ter-
« ritoire ; qu'ils seront également tenus de continuer
« provisoirement leurs fonctions jusqu'à ce que Sa
« Majesté très chrétienne, remise en pleine liberté,
« y ait pourvu ultérieurement, ou qu'il en ait été
« autrement ordonné en son nom dans l'intervalle ;

« 7° Que les habitants des villes, bourgs et villages,
« qui oseraient se défendre contre les troupes de
« Leurs Majestés impériale et royale, et tirer sur elles,
« soit en rase campagne, soit par les fenêtres, portes
« et ouvertures de leurs maisons, seront punis sur

« le champ suivant la rigueur du droit de la guerre,
« et leurs maisons démolies ou brûlées. Tous les
« habitants, au contraire, des dites villes, bourgs et
« villages qui s'empresseront de se soumettre à leur
« roi, en ouvrant leurs portes aux troupes de Leurs
« Majestés, seront à l'instant sous leur sauvegarde
« immédiate ; leurs personnes, leurs biens, leurs
« effets, seront sous la protection des lois, et il sera
« pourvu à la sûreté générale de tous et de chacun
« d'eux ;

« 8° La ville de Paris et tous ses habitants sans dis-
« tinction, seront tenus de se soumettre sur-le-champ
« et sans délai au roi, de mettre ce prince en pleine et
« entière liberté, et de lui assurer, ainsi qu'à toutes les
« personnes royales, l'inviolabilité et le respect aux-
« quels le droit de la nature et des gens obligent les
« sujets envers les souverains, Leurs Majestés impériale
« et royale rendront personnellement responsables de
« tous les évènements, sur leur tête, pour être jugés
« militairement, sans espoir de pardon, tous les
« membres de l'Assemblée nationale, du départe-
« ment, du district, de la municipalité et de la garde
« nationale de Paris, les juges de paix et tous autres
« qu'il appartiendra, déclarant en outre Leurs dites
« Majestés, sur leur foi et parole d'empereur et roi,
« que si le château des Tuileries est forcé ou insulté,
« que s'il est fait la moindre violence, le moindre

« outrage à Leurs Majestés le roi, la reine et la famille
« royale, s'il n'est pas pourvu immédiatement à leur
« sûreté, à leur conservation et à leur liberté, elles
« en tireront une vengeance exemplaire et à jamais
« mémorable, en livrant la ville de Paris à une exé-
« cution militaire et à une subversion totale, et les
« révoltés coupables d'attentats aux supplices qu'ils
« auront mérités. Leurs Majestés impériale et royale
« promettent, au contraire, aux habitants de la ville
« de Paris d'employer leurs bons offices auprès de
« Sa Majesté très chrétienne pour obtenir le pardon
« de leurs torts et de leurs erreurs, et de prendre
« les mesures les plus rigoureuses pour assurer leurs
« personnes et leurs biens s'ils obéissent prompte-
« ment et exactement à l'injonction ci-dessus.

« Enfin Leurs Majestés, ne pouvant reconnaître pour
« lois en France que celles qui émaneront du roi
« jouissant d'une liberté parfaite, protestent d'avance
« contre l'authenticité de toutes les déclarations qui
« pourraient être faites au nom de Sa Majesté très
« chrétienne, tant que sa personne sacrée, celle de la
« reine et de toute la famille royale ne seront pas
« réellement en sûreté ; à l'effet de quoi Leurs Majestés
« impériale et royale invitent Sa Majesté très chré-
« tienne de désigner la ville de son royaume la plus
« voisine de ses frontières dans laquelle elle jugera à
« propos de se retirer avec la reine et sa famille, sous

« une bonne et sûre escorte qui lui sera envoyée pour
« cet effet, afin que Sa Majesté très chrétienne puisse
« en toute sûreté appeler auprès d'elle les ministres
« et les conseillers qu'il lui plaira de désigner, faire
« telles convocations qui lui paraîtront convenables,
« pourvoir au rétablissement du bon ordre et régler
« l'administration de son royaume.

« Enfin, je déclare et m'engage encore, en mon
« propre et privé nom, et en ma qualité susdite, de
« faire observer partout aux troupes confiées à mon
« commandement une bonne et exacte discipline,
« promettant de traiter avec douceur et modération
« les sujets bien intentionnés qui se montreront pai-
« sibles et soumis, et de n'employer la force qu'en-
« vers ceux qui se rendront coupables de résistance
« ou de mauvaise volonté.

« C'est par ces raisons que je requiers et exhorte
« tous les habitants du royaume de la manière la plus
« forte et la plus instante, de ne pas s'opposer à la
« marche et aux opérations des troupes que je com-
« mande, mais de leur accorder plutôt partout une
« libre entrée et toute bonne volonté, aide et assis-
« tance que les circonstances pourront exiger,

« Donné au quartier général de Coblentz, le 25 juil-
« let 1792,

         « *Signé :* CHARLES-GUILLAUME-FERDINAND,
            « Duc de BRUNSWICK-LUNEBOURG, »

CHAPITRE II

E manifeste du duc de Brunswick était à peine connu que l'on apprit presque coup sur coup la prise de Longwy (22 août) et la reddition de Verdun (2 septembre) (1).

(1) La prise de Verdun fut marquée par un évènement tragique. Le commandant Beaurepaire, regardant comme un déshonneur pour lui la reddition de cette place, de désespoir et au moment de la capitulation, se brûla la cervelle. La garnison sortit avec les honneurs de la guerre. Le bataillon de Mayenne-et-Loire, dont Beaurepaire était le chef, ne voulut point laisser les dépouilles mortelles de ce brave au pouvoir de l'ennemi; il obtint de les emporter avec lui.

Ce bataillon fut suivi de ceux d'Eure-et-Loir, de la Charente-

Des succès aussi rapides n'étaient pas de nature à refroidir la confiance que les émigrés avaient inspirée à l'ennemi. Aussi le roi de Prusse et le duc de Brunswick, ne doutant nullement du succès de leur entreprise, se flattaient d'arriver bientôt sous les murs de Paris et d'opérer la contre-révolution.

La partie était en effet belle pour eux. Leur armée

Inférieure, de l'Allier, du dépôt du régiment de Wals et des canonniers, qui tous avaient formé la garnison de Verdun.

Les bataillons qui se retiraient s'arrêtèrent à Sainte-Ménehould. Celui de Mayenne-et-Loire y rendit les derniers devoirs à son commandant Beaurepaire. La pompe funèbre fut aussi noble qu'attendrissante. C'était à qui de ses frères d'armes aurait l'honneur d'orner de la couronne civique le cercueil de ce chef. Officiers et soldats, tous payèrent le tribut de larmes dû à un militaire qui avait préféré la mort à la honte de rendre une place de guerre sans l'avoir défendue.

Depuis, il fut question d'élever un monument sur la tombe de Beaurepaire. Plusieurs personnes s'y opposèrent, parce que, disaient-elles, il ne convenait point à l'Église chrétienne de souffrir qu'on érigeât de monument à un suicidé, quels que soient les motifs qu'il ait eus de se donner la mort. Il paraît que la Convention nationale ne professa pas les mêmes principes, car, après avoir fait un grand éloge de la bravoure et de l'action de ce guerrier, elle lui accorda, par un décret particulier, les honneurs du Panthéon, honneurs cependant qui n'eurent pas lieu, probablement à cause des évènements postérieurs. (BUIRETTE. — *Histoire de Sainte-Ménehould,* page 588.)

En 1872, M. le docteur Nidard, de Sainte-Ménehould, écrivit au maire de la ville, afin de reprendre l'idée abandonnée. Le maire communiqua cette lettre au conseil qui, dans sa séance du se composait de soixante mille Prussiens ayant à leur tête le roi et le duc de Brunswick, de trente-six mille Autrichiens dont vingt mille commandés par le général Clairfay, et seize mille sous les ordres du prince de Hohenlohe, et dix mille Hessois, en tout cent six mille hommes.

Les Autrichiens soutenaient la droite et les Hessois flanquaient la gauche de l'armée prussienne.

21 septembre 1872, nomma une commission pour examiner cette affaire.

Voici le rapport de cette commission, extrait du procès-verbal de la séance du conseil municipal de Sainte-Ménehould, du 8 novembre 1872 :

« Messieurs,

« Vous avez renvoyé à l'examen de MM. Margaine, Noailles, « Jossin et Nidard, la proposition que j'ai eu l'honneur de vous « exposer le 2 septembre, à l'effet d'élever un monument à la « mémoire de Nicolas de Beaurepaire, commandant en 1792 la « citadelle et la place de Verdun.

« Cette commission s'est constituée sous la présidence de « M. Margaine, et m'a chargé de vous rapporter son appréciation.

« Vers la fin de l'été 1792, l'envahissement de nos frontières « par la coalition avait répandu dans toute la France la plus vive « anxiété ; nos armées, désorganisées par l'émigration, se recru- « taient principalement de volontaires peu faits au métier des armes « et dont le patriotisme ne pouvait suppléer l'habitude de la dis- « cipline. Le 30 août, les Prussiens paraissent sous les murs de « Verdun ; le bombardement commence le lendemain. Le conseil « de défense, composé de magistrats et de fonctionnaires civils « auxquels l'Assemblée législative avait confié l'autorité suprême « dans les villes en état de siège, est convoqué. En vain Beau-

L'armée française, au contraire, ne comptait que quarante-cinq mille hommes, dont vingt-cinq mille sous les ordres de Dumouriez qui occupait Sedan, et vingt mille sous les ordres de Kellermann qui occupait Metz.

Une si faible armée et ainsi divisée ne pouvait guère opposer une résistance sérieuse à des forces aussi supérieures en nombre. Dumouriez le comprit ;

« repaire et ses officiers revendiquent l'honneur de défendre la « place dont la garde leur est confiée; le conseil, suivant l'éner- « gique expression de Lamartine, « se précipite dans l'opprobre », « la capitulation est décidée. On présente à de Beaurepaire la « plume qui doit consacrer son déshonneur, il la repousse et, « saisissant un pistolet : « Messieurs, dit-il, j'ai juré de ne me « rendre que mort..... survivez à votre honte. Je suis fidèle à « mon serment. Voici mon dernier mot : Je meurs !..... » Il « s'était fait sauter la cervelle. (MICHELET.)

« Le bataillon de Mayenne-et-Loire, qui comptait dans ses rangs « Lemoine, Dufour, Marceau, dont les noms devaient bientôt « briller parmi les généraux de la République, ne voulut point « laisser aux mains de l'ennemi les dépouilles de son comman- « dant. Il les rapporta à Sainte-Ménehould, où le corps fut inhumé « le 3 septembre, par les soins de M. Gambat, curé-doyen. « (Archives de la ville.)

« Sur la tombe de Beaurepaire, tous ses soldats jurent de ven- « ger leur chef ; ils retournent à la côte de Biesme, défendent ce « défilé sous les ordres de Dillon, l'ennemi est repoussé, le torrent « envahisseur est arrêté. Dumouriez accourt. La France est sauvée !

« Le 13 septembre, sur le rapport de Delaunay (d'Angers), à « l'unanimité de ses membres et au milieu d'applaudissements « enthousiastes, l'Assemblée nationale décrète :

« Le corps de Beaurepaire, commandant du bataillon de

mais son génie était à la hauteur de la situation et devait triompher des difficultés.

De Sedan à Passavant, à quinze kilomètres sud-sud-est de Sainte-Ménehould, s'étend, sur une longueur de cinquante à soixante kilomètres, la forêt de l'Argonne.

Cette forêt forme une sorte de limite naturelle entre les plaines fertiles de la Lorraine et les champs arides

« Mayenne-et-Loire, sera transporté de Sainte-Ménehould et « déposé au Panthéon français.

« L'inscription suivante sera placée sur sa tombe :

« *Il aima mieux se donner la mort que de capituler avec les tyrans.*

« Le président est chargé d'écrire à la veuve et aux enfants de « Beaurepaire.

« Le pouvoir exécutif est chargé de l'exécution du présent « décret. (*Mon. univ.* du 14 septembre 1792.)

« Tel est, Messieurs, dans son austère grandeur, le récit que « nous font encore quelques rares contemporains et que l'histoire « a enregistré dans les fastes de la France.

« Bientôt l'Europe entière s'ameutait contre nous, et la glorieuse « tâche de vaincre les ennemis de la Patrie dut faire ajourner « l'exécution du décret de l'Assemblée nationale ; cet ajourne- « ment doit-il être indéfini ? A l'unanimité votre commission ne « le pense pas.

« L'empressement que la presse entière a mis à reproduire « le compte rendu de votre séance du 21 septembre prouve les « nombreuses sympathies qui attendent la réparation de cet injuste « oubli. Déjà, un de nos honorables députés, M. Warnier, reven- « dique l'honneur de prendre part à une souscription qui serait « ouverte dans ce but. C'est par de tels actes, écrit-il à M. Mar- « gaine, bien mieux que par des discours, que nous relèverons le « patriotisme de la France.

de la Champagne. C'est une suite de collines boisées, âpres et marécageuses qui ne peuvent livrer passage à une armée que par cinq endroits : le Chesne-Populeux, la Croix-au-Bois, Grandpré, la Chalade et les Islettes.

C'est cette forêt que l'ennemi devait franchir pour se rendre à Châlons et prendre ensuite la route de Paris.

« Un jeune artiste rémois, dont le nom a retenti dans nos der-
« niers concours, M. René de Saint-Marceau, sollicite l'honneur
« de s'associer à votre cause et nous annonce l'envoi d'un projet
« que lui inspire le désir de traduire sur le marbre cet hommage
« rendu au dévouement patriotique.

« Qui pourrait dire, en effet, que les tristes épreuves que nous
« subissons depuis plus de deux ans ne nous eussent point été
« épargnées si, à Metz ou à Sedan, il se fût trouvé un héros de
« la trempe de Beaurepaire ?

« Votre commission estime qu'un monument élevé aux mânes
« de Beaurepaire, au centre de l'Argonne, dans la ville même
« où reposent ses cendres, rappellerait aux générations futures
« que nos défilés, si malheureusement abandonnés en 1870,
« peuvent devenir encore les Thermopyles de la France.

« Elle a l'honneur de vous proposer :

« 1º De nommer une commission chargée d'organiser une
« souscription publique dans le but d'élever un monument à la
« mémoire de Beaurepaire ;

» 2º De mettre à la disposition de cette commission les pre-
« miers fonds nécessaires à son œuvre, vous réservant de statuer
« ultérieurement sur l'exécution du monument en raison des
« résultats obtenus.   Le rapporteur de la commission,

                                    « Signé : NIDART. »

« Le Conseil, après en avoir délibéré, adopte les conclusions du

Dumouriez, persuadé que s'il parvenait à faire garder les cinq défilés de l'Argonne, la France pouvait échapper à l'invasion, appela en toute hâte le général Dubouquet qui commandait dans le nord. Puis il divisa ainsi sa petite armée :

Dubouquet occupa le Chesne-Populeux avec six mille hommes.

Un colonel avec deux bataillons et deux escadrons garda la Croix-au-Bois.

Dillon garda les Islettes et la Chalade avec huit mille hommes, et lui-même, Dumouriez, occupa Grandpré comme étant le lieu le plus dangereux et le plus à portée de l'ennemi.

Il n'entre pas dans notre plan de raconter les moyens qu'il employa, ni les difficultés qu'il eut à vaincre, ni même les escarmouches qu'il eut à repousser ; disons seulement que la défense une fois

« présent rapport, charge la même commission de poursuivre « l'œuvre qui vient d'être décidée, met à sa disposition le crédit « demandé.

« Sur la proposition de M. Margaine, le conseil décide, en « outre, que la ville ne pouvant en ce moment supporter aucun « sacrifice pécuniaire, offre l'emplacement nécessaire à l'érection « du monument projeté.

« Pour extrait :
« Signé : H.-C. Margaine. »

Par des circonstances que nous ignorons, la souscription n'a pas eu lieu et l'affaire en est restée à l'état de projet.

2

établie, Dumouriez en informa le pouvoir exécutif et lui écrivit :

« Grandpré et les Islettes sont les Thermopyles « de la France ; mais je serai plus heureux que Léo- « nidas. »

Le roi de Prusse et le duc de Brunswick, en laissant occuper les défilés de l'Argonne par l'armée française avaient commis une faute d'autant plus grave, qu'ils pouvaient les occuper eux-mêmes, et en les occupant, anéantir Dumouriez, ou tout au moins l'obliger à prendre la fuite.

Une négligence faillit faire perdre le fruit d'un plan si bien conçu et si laborieusement exécuté, et fut, en quelque sorte, la cause et le prélude de la bataille de Valmy.

On a vu que Dumouriez, jugeant le passage de la Croix-au-Bois comme peu important, n'avait commis à sa garde que quelques troupes. Les espions du duc de Brunswick, ayant remarqué la faible défense de ce défilé, ne manquèrent pas d'en informer le duc qui se hâta d'en profiter pour réparer sa faute, et en peu de temps la Croix-au-Bois fut occupée sans résistance.

Cependant Dumouriez informé de cet échec envoya immédiatement le général Chasot pour repousser l'ennemi ; mais il était trop tard, et malgré des prodiges de valeur, il fut obligé de se retirer pour ne pas tomber sous le coup de forces trop supérieures en nombre. Se voyant alors coupé de Grandpré, il se replia sur Vouziers.

D'un autre côté, Dubouquet se voyant sur le point d'être enveloppé se retira sur Attigny et Sommepy, dans le but de gagner Châlons.

Dumouriez lui-même, qui n'avait plus que quinze mille hommes, prit le parti de se retirer précipitamment sur Sainte-Ménehould pour rejoindre Dillon.

Mais en opérant sa retraite, il dépêcha un courrier à Beurnonville qu'il avait mandé de Flandre pour venir occuper Rethel, d'abandonner la direction de cette ville et de venir le rejoindre à Sainte-Ménehould. Il écrivit de même à Chasot et à Dubouquet dont il avait reçu des nouvelles.

Dumouriez s'avança vers Dommartin-sous-Hans où il campa un jour et partit pour Sainte-Ménehould afin d'y concentrer son armée. Il y arriva le 17.

Chasot et Beurnonville y arrivèrent le 18.

Dumouriez établit aussitôt son camp sur le plateau qui se trouve au-dessus de Sainte-Ménehould, entre les villages de Braux-Sainte-Cohière, Chaudefontaine et la Neuville-au-Pont.

Le 19, il adressait à La Bourdonnay une lettre où se trouve ce curieux passage bien de nature à faire apprécier la discipline qui régnait alors dans nos armées :

« J'ai été plus brave que vous par mon adresse à
« l'armée de Châlons ; je l'ai fait publier ici à l'ordre
« aux sept bataillons que vous m'avez envoyés ; ils
« ont été très souples et m'ont promis monts et mer-
« veilles ; je leur tiendrai parole et ne les raterai pas.
« Si je ne prenais ce parti, ils mineraient mon armée
« et finiraient par me pendre, ce que je ne suis pas
« d'humeur à endurer. »

Beurnonville plaça le sien proche de Maffrécourt,
de la Neuville-au-Pont, à la droite de Dumouriez.

CHAPITRE III

KELLERMANN, qui en apprenant l'échec de Dumouriez s'était mis en marche pour le venir secourir, fit faire à ses troupes des marches forcées jour et nuit et arriva à Dampierre-le-Château au moment où Dumouriez venait de prendre position à Sainte-Ménehould.

Le 18, il y campa avec toute son armée et fit avertir Dumouriez qu'il n'était plus qu'à deux lieues de lui.

Dumouriez, du camp de Braux, fit dire à Kellermann de camper à Dampierre-sur-Auve.

« Je serais bien aise, pour prouver à mon armée « quels secours lui arrivent, qu'il m'envoyât des

« détachements de plusieurs espèces de troupes pour
« qu'on les vît dans mon camp. »

Le 19, il vint se poster près de Voilemont, de Maupertuis et de Dampierre-sur-Auve, qui était le lieu
choisi par le général en chef pour former l'aile gauche
de son armée.

De son côté, l'ennemi n'avait pas manqué de profiter des passages libres pour traverser l'Argonne; et,
filant de Grandpré par les monts de Champagne, aux
environs de Cernay-en-Dormois, il passa au dessus de
Somme-Bionne et de la ferme de Maigneux et arriva
le 19 sur la grande route de Châlons à Sainte-Ménehould.

Par cette manœuvre, il espérait envelopper l'armée
de Dumouriez.

A cet endroit aboutissent plusieurs chemins de
traverse. Le terrain, assez spacieux, se dessine en
forme presque circulaire, ce qui lui a fait donner le
nom de *la Lune*.

On y voyait alors une seule maison servant d'auberge, qui a été démolie il y a une quinzaine d'an-
nées. La vue s'y porte au loin de toutes parts.

Aucun bosquet, aucune plantation n'ombrage
les environs; ni ruisseau, ni fontaine ne coule près
de ce lieu aride. Il faut aller jusqu'aux villages de
Gizaucourt, de Saint-Mard et de la Chapelle, à trois et
quatre kilomètres, pour trouver la rivière d'Auve.

Les plaines immenses qui s'étendent au nord-est sont très fertiles ; celles du sud-ouest sont arides et ne produisent que du seigle et des marsages.

C'est sur ce point et dans ses alentours que l'armée ennemie s'arrêta et tendit ses tentes.

Cependant Kellermann ne tarda pas à s'apercevoir des inconvénients de la position qu'il occupait.

Sa droite s'appuyait à l'Étang-le-Roi, qui le séparait de la gauche de Dumouriez ; sa gauche était dominée par les hauteurs de Valmy, et il avait à dos le ruisseau de l'Auve, marécageux sur ses deux rives.

En cas de défaite, il ne pouvait plus se replier sur Dumouriez que par un étroit défilé formé au village de Dommartin-la-Planchette, par l'étang et le ruisseau. S'il était obligé de repasser l'Auve à Dampierre, il ne pouvait le faire que sur un misérable pont, tel que l'infanterie n'y défilerait que par deux, et la cavalerie homme par homme. De plus, la chaussée très resserrée par laquelle on aurait à gagner ce pont, dégradée par les pluies, avait des ornières si profondes que l'artillerie et les équipages ne pourraient la franchir qu'avec des précautions et des difficultés infinies.

Dans cette position, le moindre échec aurait eu des suites désastreuses. Si l'ennemi, se bornant à observer l'armée française, prenait le parti de se porter sur les hauteurs de la Lune et, faisant passer l'Auve à Gizaucourt par un corps qui eût occupé Dampierre et Voilemont, il pouvait s'emparer de tous les magasins, couper les communications si importantes de Châlons, et, vu sa grande supériorité, envelopper nos armées campées aussi désavantageusement.

Il était donc essentiel de le prévenir et d'occuper Dampierre et Voilemont, en arrière de l'Auve.

Le général, ayant donné ses ordres en conséquence, devait se mettre en mouvement le lendemain à quatre heures du matin ; mais il apprit dans la nuit que l'armée prussienne, informée de sa méchante position, s'avançait pour le combattre.

A trois heures du matin l'armée fut sous les armes ; Kellermann ne pouvait attendre l'ennemi sur le mauvais emplacement qu'il occupait ; il ne pouvait plus repasser l'Auve pour prendre le campement qu'il avait projeté ; il fallait, en marchant en avant, chercher un champ de bataille, tandis que son avant-garde, renforcée par sa réserve, serait aux prises avec l'ennemi.

Il arriva sur les hauteurs de Valmy ; c'est là qu'il attendit l'armée prussienne.

Voici dans quelle position il établit son armée :

Son quartier général était à Dampierre-sur-Auve.

Sa droite s'étendait sur les hauteurs de Valmy en s'appuyant sur son quartier général.

Sa gauche était à Voilemont, se repliant en équerre, de manière à laisser la ferme de Plagnicourt en avant de son front.

Son avant-garde, commandée par le général Desprez-Crassier, était au village de Hans.

Un corps d'infanterie et de cavalerie de l'armée de
Dumouriez, commandé par le général Beurnonville,
occupait le mont d'Yvron, entre Maffrécourt et Dommartin-sous-Hans. Il était à même de soutenir ou
l'aile gauche du général Kellermann, ou la droite de
son avant-garde et de sa réserve, ou le corps du
général Stangel qui commandait l'avant-garde de
Dumouriez, et qui, avec deux mille hommes, avait
été posté entre la rivière de Bionne et Valmy, sur le
plateau dit la Nau-Dieu et le Pendant-de-l'Arbre,
au terroir de Valmy, liant ainsi l'armée de Dumouriez
à celle de Kellermann, de façon que les deux armées
puissent, en cas de besoin, se porter un mutuel
secours.

La réserve, commandée par le général Valence,
occupait les hauteurs en avant du chemin de Gizaucourt à Valmy, et masquait la plaine où les Prussiens
pouvaient supposer des corps d'infanterie. Elle for-
mait la gauche de l'armée de Kellermann, et était
composée de carabiniers, de quelques escadrons de
dragons et de deux compagnies d'artillerie légère.

Valence étendit son front sur une seule ligne, dans
la direction de la ferme d'Orbéval, et s'y maintint
afin de prévenir l'ennemi, qui pouvait faire un mouvement et tourner la gauche de l'armée.

Le château de Maupertuis, le village et le château de Gizaucourt étaient occupés par de l'infanterie, que vinrent renforcer neuf bataillons et huit escadrons conduits par le général Chasot qui prit position en arrière de la gauche des troupes établies près d'Orbéval.

En même temps, Dumouriez avait envoyé ordre au général Dillon de détacher le général Leveneur qui, à la tête de douze bataillons et de huit escadrons, devait tenter de tourner la gauche de l'ennemi en passant la Bionne pour se porter par Berzieux sur Virginy.

Toutes ces dispositions prises, Kellermann couronna le plateau du Moulin-de-Valmy de dix-huit pièces de position dont il confia la direction au jeune duc de Chartres (1), puis il établit une seconde batterie de dix-huit pièces de canon sur la hauteur de Valmy, vers le centre de la ligne.

Pendant que les Français exécutaient ces différents mouvements, les Prussiens se déployaient sur les hauteurs de la Lune, dans l'alignement de Felcourt à Somme-Bionne, et portaient sur leur front cinquante-huit bouches à feu partagées en quatre batteries, dont trois de canons et une d'obusiers.

(1) Depuis Louis-Philippe.

CHAPITRE IV

LE roi de Prusse, qui craignait que l'armée
française ne lui échappât en se réfugiant du
côté de Châlons, avait, dès le 19, donné
ordre de se porter sur les derrières de l'ennemi pour
le tourner.

Le 20, à six heures du matin, l'avant-garde prussienne, commandée par le prince de Hohenlohe, mar-
cha par sa droite sur Somme-Bionne et rencontra
l'avant-garde qu'il attaqua vivement.

Les Français surpris furent repoussés d'abord et
reculèrent, mais animés par leur brave commandant

Desprez-Crassier, ils se rallièrent bientôt et opposèrent à l'impétuosité de l'attaque une vigoureuse
résistance. Mais, trop inférieurs en nombre pour soutenir l'action, ils se replièrent en bon ordre sur le
gros de l'armée.

De leur côté, les Prussiens étonnés de la contenance de l'armée du général Valence n'osèrent soutenir l'attaque, se replièrent aussi.

Ce fut le premier acte de la journée.

Un brouillard épais couvrait la terre et empêchait
les belligérants de bien distinguer leurs positions
réciproques. Mais à sept heures, le brouillard s'étant
un peu dissipé, les deux armées, qui se trouvaient
en présence, purent apprécier leurs forces respectives
et se préparer au combat.

A sept heures et demie, le feu commence des
deux côtés et se soutient avec la plus grande viva-
cité.

A neuf heures, l'ennemi ayant démasqué une forte
batterie, en avant de la droite de la maison de la
Lune, Kellermann fait aussitôt avancer sa seconde
ligne et son artillerie, poste sur sa droite le général
Stengel et sur sa gauche le général Valence.

Le combat s'anime, le canon tonne avec fureur;
Kellermann, emporté par sa valeur, bravant l'artillerie
ennemie, marche en avant au milieu d'une grêle de
fer et de feu, et s'avance jusque sur la côte de la

Moulette, entre le moulin de Valmy et les hauteurs de la Lune.

Mais les Prussiens, qui observent les mouvements des Français, changent tout à coup leurs obusiers de position et font un ravage affreux dans nos rangs ; Kellermann a un cheval tué sous lui par un boulet, son escorte et le régiment de cuirassiers qui sont derrière sont décimés par la mitraille, et le lieutenant-colonel Lormier, aide-de-camp du général, tombe mort à ses côtés.

Pour comble de malheur, des obus prussiens éclatent au milieu des munitions, près du moulin, et font sauter deux caissons d'artillerie dont l'explosion tue et blesse beaucoup de monde.

La confusion se met dans l'armée : la première ligne rétrograde, les conducteurs de charrois s'enfuient avec leurs caissons et le feu se ralentit faute de munitions.

A dix heures, le désordre est à son comble. Kellermann accourt, fait placer une batterie à quelque distance pour attirer le feu des Prussiens, soulageant ainsi les troupes postées au moulin, et l'ordre se rétablit. La première ligne, animée par les exhortations de son chef le duc de Chartres, se rallie et reprend sa position.

Cependant l'ennemi, s'apercevant que l'ordre se rétablit parmi les Français et que les troupes bravent de nouveau ses batteries, redouble son feu, forme sur trois points des masses d'infanterie soutenues par toute sa cavalerie.

A onze heures, les trois colonnes s'ébranlent : deux se dirigent sur le moulin, la troisième se porte sur la gauche en observation et, malgré le feu de l'artillerie française qui vomit la mort dans ses rangs, l'ennemi s'avance en bon ordre.

Kellermann fait alors former en colonnes par bataillons les troupes du moulin et leur fait cette courte harangue :

« Camarades, le moment de la victoire est arrivé ; « laissons avancer l'ennemi sans tirer un seul coup et « chargeons-le à la baïonnette! » Puis mettant son chapeau sur la pointe de son épée, il l'élève en l'air en s'écriant d'une voix forte :

« Vive la Nation ! Allons vaincre pour elle ! »

Ce cri prolongé pendant un quart d'heure électrise les troupes et jette l'étonnement et la stupeur dans l'armée ennemie.

Frappé de l'enthousiasme qu'il a communiqué à ses soldats, Kellermann dit à ceux qui l'entourent : « La victoire est à nous, mes enfants, » et à l'instant il fait redoubler le feu de l'artillerie sur la tête des colonnes prussiennes qui en peu d'instants sont ébranlées.

Les Prussiens s'arrêtent comme fascinés par le cri

de : « Vive la Nation ! » Ils hésitent, et déjà leurs fluctuations annoncent le désordre.

Kellermann fait faire de nouvelles décharges qui achèvent de terrifier l'ennemi.

Brunswick, qui ne tentait l'attaque qu'avec une certaine répugnance et une grande crainte du résultat, certain d'ailleurs que la victoire est impossible, ne voulant pas risquer une déroute complète, donne le signal de la retraite. Son armée rétrograde lentement et en bon ordre, mais elle laisse le champ de bataille couvert d'hommes et de chevaux morts.

CHAPITRE V

ENDANT que Kellermann repoussait victorieusement les Prussiens sur les hauteurs de Valmy, le général Clairfay, après avoir traversé la Bionne à Hans, tentait de se diriger vers Maffrécourt, afin de tenir les Français en échec.

Mais c'est en vain que ses troupes essayent d'entamer l'extrémité de la droite de Kellermann commandée par Stengel, la défense est supérieure à l'attaque.

Des hauteurs du mont d'Yvron, Beurnonville dirige sur les agresseurs un feu nourri qui les terrasse.

En vain le général autrichien multiplie les encouragements à ses troupes.

En vain il déploie tout le talent et toutes les ruses que sait enfanter la guerre dans la détresse.

3

En vain il revient à la charge à plusieurs reprises, ses efforts sont impuissants contre le courage de l'armée française dont l'enthousiasme a quadruplé les forces. Les tentatives nouvelles qu'il fait n'ont d'autre résultat que de lui faire éprouver des pertes nouvelles.

Alors, imitant le général en chef de l'armée coalisée, Clairfay se retire en battant en retraite.

Cette résistance eut un immense avantage, car en repoussant Clairfay, elle empêcha Kellermann d'être enveloppé et par conséquent défait.

L'échec du duc de Brunswick n'avait pas terminé la lutte. Elle se continua mollement jusqu'à quatre heures du soir par l'échange de quelques coups de canon.

Mais pendant ce temps les Prussiens qui méditaient une nouvelle attaque, faisaient beaucoup de mouvements sur toute leur ligne, afin de donner le change sur leurs véritables intentions.

A quatre heures, le combat recommença avec une ardeur qui ne le céda en rien, de part et d'autre, à celle du matin. Les colonnes ennemies revinrent dans le même ordre. On les reçut de même avec un feu très vif d'artillerie.

Une première victoire avait redoublé l'ardeur des soldats français. Les mêmes cris de : « Vive la Nation ! » la même contenance, furent les précurseurs d'un second succès.

Étonnés de nouveau des acclamations des troupes de Kellermann, les Prussiens s'arrêtent encore plus loin que dans le premier combat. Vingt-quatre pièces de position placées au moulin de Valmy firent un feu si bien nourri sur leurs colonnes qu'elles se retirèrent avec précipitation.

Clairfay avait aussi renouvelé ses tentatives sur Stengel, mais sans succès.

Vers sept heures du soir, le feu cessa et les ennemis rentrèrent dans leurs premières positions.

Les Français restèrent maîtres du champ de bataille. Ils eurent sept à huit cents hommes tués ou blessés. Les Prussiens firent une perte beaucoup plus considérable (1).

Malgré le brillant succès de cette journée, Keller-

---

(1) La veille de la bataille, deux faits assez singuliers se passèrent à Valmy.

Vers le soir, un personnage auquel son entourage témoignait un grand respect vint demander l'hospitalité à M. Regnauld, aïeul du maire actuel de Valmy.

Ce personnage resta chez son hôte tant que dura la bataille, dans le but, sans doute, d'en connaître le résultat immédiat.

En partant, le lendemain, il oublia un élégant porte-mouchettes, semé et émaillé de petites fleurs, dont on ignorait l'usage.

Plus tard, nous écrit M. Regnauld, maire de Valmy, nous lui avons donné le nom de porte-mouchettes de Louis XVIII, et voici pourquoi :

La maison de mon grand'père avait reçu sur sa façade une inscription allemande. Quelques jours après la bataille, un officier qui traversait le village ayant lu l'inscription apprit à ma grand'-

mann ne pouvait rester dans la position qu'il occupait.
Il était essentiel qu'il repassât l'Auve, s'il voulait
empêcher les alliés de se rendre sur les hauteurs de
Dampierre et de Voilemont.

Dans ce but et afin de mieux tromper l'ennemi sur
ses véritables intentions, il fit allumer des feux sur
toute la ligne qu'il abandonnait, et se mit en marche à
neuf heures du soir.

Le 21, dès six heures du matin, Kellermann avait

mère que c'était Monsieur, frère du roi Louis XVI, qui avait reçu
l'hospitalité chez nous.

Le second fait, non moins étrange que le premier et qui prouverait que le champ de bataille de Valmy n'a pas été le résultat
du hasard, mais bien celui d'une savante combinaison arrêtée et
discutée à l'avance, se passa également à Valmy.

Le même soir, plusieurs officiers arrivèrent au village et deman-
dèrent asile dans la première maison.

Ces officiers ne firent qu'un séjour de quelques heures à peine
et repartirent la nuit même.

Quels étaient ces officiers ?

M. le docteur Nidart, de Sainte-Ménehould, qui nous a raconté
cette anecdote comme la tenant de deux vieillards qui avaient
assisté à la bataille et qui la lui avaient racontée ainsi qu'à
Alexandre Dumas, un jour que ce dernier vint à Valmy visiter le
champ de bataille, nous a dit :

Les vieillards qui nous accompagnaient nous dirent :

Nous étions encore jeunes, on nous envoya coucher, mais l'uni-
forme des officiers nous avait vivement frappés.

Le lendemain en nous éveillant, nous vîmes sur la table une
cage avec deux petits serins jaunes que les officiers avaient oubliés
en partant.

A ce moment du récit, Alexandre Dumas s'écria : Oh ! c'était établi son quartier général à Dampierre-sur-Auve, et étendu son camp sur les hauteurs de Gizaucourt et de Voilemont.

Les généraux prussiens, ayant aperçu la nouvelle position du général français qui se déployait sur toute leur droite, se mirent en bataille ; mais quelques coups de canon et une pluie torrentielle qui continua toute la journée les força de se replier, et ils rentrèrent dans leurs positions.

Le soir, Kellermann adressa au ministre de la guerre la lettre suivante sur la journée de Valmy :

« Du quartier général de Dampierre-sur-
« Auve, le 21 septembre à neuf heures
« du soir, au ministre de la guerre.

« Je m'empresse, Monsieur, de vous instruire de la « journée d'hier ; les ennemis ont attaqué, dès la « pointe du jour, M. Desprez de Crassier qui comman- « dait mon avant-garde. Il s'est replié, mais en se « défendant avec valeur et intelligence.

Dumouriez ! Il avait une si grande passion pour les oiseaux qu'il ne voyageait jamais sans ses serins.

Les vieillards continuèrent : Nous nous en amusâmes beaucoup et nous espérions bien les posséder pour toujours, lorsque le lendemain de la bataille on vint réclamer les serins de la part de Dumouriez.

Nous n'avons d'autres preuves de ce récit que ce que nous en a dit M. le docteur Nidart. Mais s'il est vrai, ce qui n'est pas impossible, il prouverait qu'il y aurait eu à Valmy un conseil de

« Les ennemis en très grand nombre ont marché
« sur plusieurs colonnes. M. de Valence, à la tête des
« grenadiers, les a contenus longtemps sur une hau-
« teur, en avant de celle où je formais mes troupes ;
« et pouvant difficilement pénétrer, ils ont prolongé
« leurs troupes sur ma droite, sous la protection
« d'une immense artillerie.

« Je me suis alors rangé en bataille, et quelque
« désagréable que fût la position que j'avais prise,
« étant bien loin de croire qu'une aussi grande partie
« de leur armée eût passé par la trouée de Grandpré,
« je lui ai présenté le combat depuis sept heures du
« matin jusqu'à sept heures du soir.

« Ils n'ont jamais osé m'attaquer, malgré la très
« grande différence du nombre, et la journée s'est
« passée en une canonade de quatorze heures, de très
« près, et qui nous a coûté beaucoup de braves gens.

« On dit que les ennemis ont prodigieusement
« perdu, surtout de leur cavalerie et de leur artillerie.

« Les troupes, commandées par M. Heuger, maré-
« chal de camp, que M. Dumouriez avait envoyé,

guerre dans lequel on aurait résolu les moyens d'attaque et de
défense, et qu'à ce conseil assistaient tous les généraux sous les
ordres de Dumouriez. Un fait qui paraît confirmer l'anecdote, c'est
que c'est dans cette nuit que Kellermann apprit que les Prussiens
s'avançaient pour le combattre et que c'est vers trois heures du
matin qu'il quitta son camp pour venir occuper les hauteurs de
Valmy.

« ainsi que M. Chasot, lieutenant-général, pour ren-
« forcer mon armée, se sont brillamment conduites,
« et ont fait environ cinquante prisonniers.

« J'ai gardé ma position jusqu'à dix heures du soir,
« et j'ai alors pris un autre camp sur la droite des
« ennemis qui ont laissé faire mon mouvement,
« quoiqu'il n'ait été fini que ce matin, sans m'attaquer.

« Je ne puis rendre assez de justice à la valeur et au
« zèle des officiers généraux, supérieurs et particu-
« liers, et à la conduite des troupes.

« Je les ai vus perdre des rangs entiers par l'explo-
« sion de trois caissons incendiés par un obus, sans
« sourciller, ni déranger leur alignement.

« Une partie de la cavalerie et surtout les carabiniers,
« ont été souvent exposés à un feu très meurtrier ;
« ils ont été des modèles de courage et de tranquillité.

« J'avais espéré que leur cavalerie engagerait le
« combat, et la mienne était disposée de manière à
« devoir espérer du succès.

« M. Defferaremme, maréchal de camp d'artillerie,
« a eu, ainsi que moi, un cheval fortement blessé d'un
« coup de canon, et parmi les camarades que nous
« regrettons, se trouve M. Lormier, lieutenant-colo-
« nel, commandant un bataillon de grenadiers volon-
« taires, officier distingué de toutes les manières.

« Embarrassé du choix, je ne citerai, parmi ceux qui
« ont montré le plus grand courage, que M. de Chartres

« et son aide de camp, M. Montpensier, dont l'extrême
« jeunesse rend le sang-froid, à un des feux les plus
« soutenus que l'on puisse voir, extrêmement remar-
« quable.

« La Nation française, après ce que j'ai vu hier,
« peut être sûre que les soldats les plus aguerris ne
« doivent pas l'emporter sur ceux qui se sont consa-
« crés à la défense de la liberté. Ils ont montré que
« leur confiance en leurs généraux était entière, par
« la manière dont ils restaient à des postes périlleux.

« M. Dumouriez est venu passer plusieurs heures
« avec moi, aux batteries, et m'aurait amené toute
« son armée, s'il n'avait craint d'être attaqué lui-
« même. Il a envoyé plus de troupes que je n'aurais
« dû en espérer dans sa position, et je ne puis assez
« me louer de sa conduite avec moi.

« Ma perte se porte à environ deux cent cinquante
« tant tués que blessés, et ne dois pas vous laisser
« ignorer non plus, que MM. Fabrefonds Eustache,
« et mon aide de camp Lajolet, se sont conduits de la
« manière la plus distinguée dans l'affaire d'hier.

« Je vous enverrai, par la prochaine occasion, des
« pauvres veuves que je vous prierai de recommander
« au Corps législatif, pour leur faire obtenir des
« secours.

　　　　　　« Le général en chef de l'armée du centre,
　　　　　　　　« *Signé* : KELLERMANN. »

(*Moniteur universel* du 24 septembre 1792.)

CHAPITRE VI

LA situation des Prussiens était loin d'être
satisfaisante à tous les points de vue.

Ils manquaient de vivres et ne pouvaient
s'en procurer dans un pays qu'ils avaient ruiné. Ils ne
pouvaient non plus s'avancer vers Châlons dans la
crainte de se voir enveloppés par l'armée de
Dumouriez, qui était en force pour les suivre.

Une saison affreuse, au milieu de terres marécageuses et humides, ne leur permettait pas d'y séjour-
ner longtemps, car les maladies et surtout la dyssen-
terie commençait à décimer leur armée.

Brunswick, qui s'était retiré à Hans avec le roi de

Prusse, auquel le château servit de quartier général, songea à la retraite.

Dans ce but, il sollicita et obtint de Dumouriez et de Kellermann une suspension d'armes pour entamer des négociations.

On était arrivé aux derniers jours de septembre, le mal devenait intolérable, les conférences furent poussées avec activité et se continuèrent avec une grande politesse et une grande courtoisie de part et d'autre. Dumouriez fit même envoyer du sucre et du café au roi de Prusse.

Ce procédé pouvait faire supposer un parfait accord ou tout au moins le désir d'un accommodement qui terminerait la guerre. Il n'en fut rien.

Dans l'intervalle des pourparlers, on apprit au camp l'abolition de la royauté et une nouvelle conférence fut résolue. Elle eut lieu le lendemain 27. Elle roula sur la situation respective des deux nations et sur le sort du roi de France.

Mais Thouvenot, qui avait été principalement chargé par le gouvernement de le représenter dans les négociations, ayant répondu que sa mission se bornait à traiter des affaires de la guerre, il ne pouvait outrepasser son mandat. On se sépara sans rien conclure, mais en promettant de la part du duc de Brunswick un mémoire qui serait remis sous peu au général Dumouriez pour l'envoyer à Paris.

Au lieu du mémoire que Dumouriez attendait, il reçut le 28 un manifeste signé du duc de Brunswick aussi arrogant que le premier, et toute négociation fut rompue.

Ce fut Manstein, aide de camp général du roi de Prusse, qui l'adressa à Dumouriez avec la lettre suivante :

« Je suis chargé, Monsieur, de vous faire parvenir « l'original de la déclaration ci-jointe, que Son Altesse « Sérénissime monseigneur le duc régnant de « Brunswick se trouve dans le cas d'adresser à la nation « française, au nom de Leurs Majestés l'empereur et le « roi de Prusse.

« L'importance et l'authenticité de cette pièce exi· « gent, mon général, que vous la portiez aussi promp- « tement que possible à la connaissance de la nation, « à laquelle elle est adressée.

« Quelles que soient les personnes que vous choi- « sirez pour qu'elle soit bientôt connue, elle le sera « de notre côté par la voie de l'impression, et l'on « avertira la nation française que l'original de cette « déclaration vous a été adressé aujourd'hui par moi.

« Je suis fâché, Monsieur, que les motifs que j'indi- « quai à l'aide de camp que vous m'avez envoyé hier, « m'empêchent de vous apporter moi-même cette « déclaration, et de suivre les discussions dont nous « avons été occupés les jours passés ; mais rien ne

« m'empêchera de conserver le souvenir de l'accueil
« amical que vous m'avez fait, mon général, et de
« chercher l'occasion de vous convaincre de la consi-
« dération distinguée avec laquelle j'ai l'honneur d'être,
« Monsieur,

    « Votre très humble et très obéissant serviteur,

                                    « MANSTEIN.

    « Au quartier général de Hans, le vingt-huit sep-
tembre 1792. »

SECOND MANIFESTE DU DUC DE BRUNSWICK.

« Lorsque Leurs Majestés l'empereur et le roi de
« Prusse, en me confiant le commandement des
« armées que ces deux souverains alliés ont fait mar-
« cher en France, me rendirent l'organe de leurs
« intentions déposées dans les déclarations des 25 et
« 27 juillet 1792. Leurs Majestés étaient bien éloignées
« de supposer la possibilité de scènes d'horreur qui
« ont précédé et amené l'emprisonnement de Leurs
« Majestés le roi et la reine de France et de la famille
« royale.

    « De pareils attentats, dont l'histoire des nations
« les moins policées n'offrent presque point d'exem-
« ples, n'étaient cependant pas le dernier terme que
« l'audace de quelques factieux, parvenus à rendre le

« peuple de Paris l'instrument aveugle de leurs volon-
« tés, avait prescrit à sa coupable ambition.

« La suppression du roi de toutes les fonctions qui
« lui avaient été réservées par cette même constitu-
« tion qu'on a si longtemps prônée comme le vœu
« de la nation entière, a été le dernier crime de
« l'Assemblée nationale, qui a attiré sur la France les
« deux terribles fléaux de la guerre et de l'anarchie.

« Il ne reste plus qu'un pas à faire pour les perpé-
« tuer, et l'esprit de vertige, funeste avant-coureur de
« la chute des empires, vient d'y précipiter ceux qui
« se qualifient du titre *d'envoyés par la Nation pour*
« *assurer ses droits et son bonheur sur des bases plus*
« *solides.*

« Le premier décret que leur assemblée a porté a
« été l'abolition de la royauté en France et l'acclama-
« tion non motivée d'un petit nombre d'individus,
« dont plusieurs même sont des étrangers, s'est arro-
« gée le droit de balancer l'opinion de quatorze géné-
« rations qui ont rempli les quatorze siècles d'exis-
« tence de la monarchie française.

« Cette démarche, dont les seuls ennemis de la
« France devraient se réjouir, s'ils pouvaient suppo-
« ser qu'elle ait eu un effet durable, est directement
« opposée à la ferme résolution que Leurs Majestés
« l'empereur et le roi de Prusse ont prise, et dont
« ces deux souverains alliés ne se départiront jamais,

« de rendre à Sa Majesté très chrétienne sa liberté,
« sa sûreté et sa dignité royale, ou de tirer une juste
« et éclatante vengeance de ceux qui oseraient y atten-
« ter plus longtemps.

« A ces causes, le soussigné déclare à la nation
« française en général et à chaque individu en parti-
« culier, que Leurs Majestés l'empereur et le roi de
« Prusse, invariablement attachés au principe de ne
« point s'immiscer dans le gouvernement intérieur de
« la France persistent également à exiger que Sa
« Majesté très chrétienne, ainsi que toute la famille
« royale, soient immédiatement remises en liberté par
« ceux qui se permettent de les tenir emprisonnés.

« Leurs Majestés insistent de même pour que la
« dignité royale en France soit rétablie sans délai dans
« la personne de Louis XVI et de ses successeurs.

« Et qu'il soit pourvu à ce que cette dignité se
« trouve désormais à l'abri de toutes avanies auxquelles
« elle est maintenant exposée.

« Si la nation française n'a pas tout à fait perdu de
« vue ses vrais intérêts, et si, libre de ses résolutions,
« elle désire de faire cesser promptement les cala-
« mités d'une guerre qui expose tant de provinces à
« tous les maux qui marchent à la suite des armées,
« elle ne tardera pas un instant à déclarer son opinion
« en faveur des demandes péremptoires que je lui
« adresse aux noms de Leurs Majestés l'empereur et

« le roi de Prusse, et qui, en cas de refus, attireront
« immanquablement, sur ce royaume naguère floris-
« sant, de nouveaux et plus terribles malheurs.

 « Le parti que la nation française va prendre à la
« suite de cette déclaration, ou étendra et perpétuera
« les funestes effets d'une guerre malheureuse, en
« ôtant par la suppression de la royauté le moyen de
« rétablir et d'entretenir les anciens rapports entre la
« France et les souverains de l'Europe ; ou pourra
« ouvrir la voie à des négociations pour le rétablis-
« sement de la paix, de l'ordre et de la tranquil-
« lité, que ceux qui se qualifient du titre de déposi-
« taires de la volonté de la nation sont les plus
« intéressés à rendre aussi prompte qu'il est néces-
« saire à ce royaume.

 « Charles F. DUC DE BRUNSWICK-LUNEBOURG.

 « Au quartier général de Hans, le 28 septembre
« 1792 (1). »

Dumouriez fit la réponse suivante :

 « Je suis affligé, vertueux Manstein, de recevoir
« pour unique réponse à des raisonnements que
« m'inspiraient l'humanité et la raison, une déclaration
« qui ne peut qu'irriter un peuple libre. Dès ce

(1) *Moniteur universel* du 1er octobre 1792.

« moment, toute trève doit cesser entre les deux
« armées, et nous ne devons plus penser qu'à com-
« battre, puisque nous n'avons plus de base pour
« négocier.

« Je ferai avertir demain matin tous mes avant-
« postes de la cessation de la trève ; faites-en de
« même de votre côté.

« Je regrette votre amitié ; je plains deux braves na-
« tions soumises aux caprices de quelques personnes,
« mais vous trouverez des Français dignes de la
« liberté qu'ils ont conquise, et prêts à faire repentir
« ceux qui veulent la leur arracher.

« Je vais faire passer l'écrit du duc de Brunswick à
« la Convention nationale. Je vais le faire lire dans
« mon camp, et partout il sera reçu avec le même
« sentiment d'indignation. Ce n'est pas ainsi qu'on
« traite avec une grande nation libre, et qu'on dicte
« des lois à un peuple souverain.

« Le général en chef de l'armée du Nord,

« *Signé :* DUMOURIEZ.

« A Sainte-Ménehould, le 20 septembre, l'an 4 de
« la liberté, le premier de la République. »

CHAPITRE VII

Mémoire de Dumouriez. — Nouvelle lettre de Manstein. — Réponse de Dumouriez. — La trêve est rompue. — Indécision du roi de Prusse. — Il donne le signal de la retraite. — Kellermann poursuit l'ennemi et lui reprend Longwy et Verdun. — Jugement porté sur la bataille de Valmy. — Ses conséquences.

UMOURIEZ s'occupa aussitôt d'un mémoire particulier pour le roi de Prusse et le lui expédia de suite. Puis il le fit imprimer et distribuer dans son camp.

On lisait en tête de cette adresse :

« A l'armée française,

« Voici, mes compagnons d'armes, les propositions « raisonnables que j'ai faites aux Prussiens, après « avoir reçu d'eux des messages pour une pacification. « Le duc de Brunswick m'a envoyé pour réponse un

« manifeste insolent qui irritera la nation entière, et
« augmentera le nombre des soldats. Plus de trêve,
« mes amis, attaquons ces tyrans, et faisons-les
« repentir d'être venus souiller une terre libre.

MÉMOIRE AU ROI DE PRUSSE.

« La nation française a décidé immuablement son
« sort. Les puissances étrangères ne peuvent se refuser
« à cette assertion vraie. Ce n'est plus l'Assemblée
« nationale dont les pouvoirs étaient restreints, dont
« les actes devaient être ou confirmés, ou abrogés
« pour avoir force de loi ; qui n'avait qu'un pouvoir
« contesté, qui pouvait passer pour une usurpatrice,
« et qui a eu la sagesse d'appeler toute la nation, et
« de demander elle-même aux quatre-vingt-trois
« départements la cessation de son existence, et son
« remplacement par une représentation revêtue de
« tous les pouvoirs et de la souveraineté entière du
« peuple français, autorisée par la constitution même,
« sous le nom de Convention nationale.

« Cette assemblée, dès sa première séance, entraî-
« née par un mouvement spontané, qui est le même
« dans toutes les parties de l'Empire, a décrété
« l'abolition de la royauté. Le décret est reçu partout
« avec allégresse ; partout on l'attendait avec la plus
« grande impatience ; partout enfin il accroît l'énergie,
« et il serait actuellement impossible de ramener la

« nation à relever un trône que les crimes qui l'en-
« tourent ont renversé.

« Il faut donc nécessairement regarder la France
« comme une république, puisque la nation entière
« a déclaré l'abolition de la monarchie. Cette répu-
« blique, il faut la reconnaître ou la combattre.

« Les puissances armées n'avaient aucun droit de
« s'immiscer dans les débats de la nation assemblée,
« sur la forme de son gouvernement. Aucune puis-
« sance n'a le droit de faire la loi à une aussi grande
« nation. Aussi ont-elles pris le parti de déployer le
« droit du plus fort. Mais qu'en est-il résulté ?

« La nation ne fait que s'irriter davantage, elle
« oppose la force à la force, et certainement les avan-
« tages qu'ont obtenus les nombreuses troupes du roi
« de Prusse et de ses alliés sont très peu conséquents.

« La résistance qu'il rencontre, et qui se multiplie
« à mesure qu'il avance est trop grande pour ne pas
« lui prouver que la conquête de la France, qu'on lui
« a présentée comme très aisée, est absolument impos-
« sible. Quelle que soit la différence des principes
« entre le monarque respectable dont on a égaré l'opi-
« nion, et le peuple français, lui et ses généraux ne
« peuvent plus regarder ce peuple ni les armées qui
« lui résistent comme un amas de rebelles.

« Les rebelles sont ces nobles insensés qui, après
« avoir opprimé si longtemps le peuple sous le nom

« des monarques, dont ils ont eux-mêmes ébranlé le
« trône, ont achevé les disgrâces de Louis XVI, en
« prenant les armes contre leur propre patrie, en
« remplissant l'Europe de leurs mensonges et de leurs
« calomnies, et en devenant par leur conduite, aussi
« folle que coupable, les ennemis les plus dangereux
« de Louis XVI et de leur pays. J'ai moi-même entendu
« plusieurs fois Louis XVI gémir sur leurs crimes et
« sur leurs chimères.

« Je fais juge le roi de Prusse et son armée entière
« de la conduite de ces dangereux rebelles. Sont-ils
« estimés ou méprisés? Je ne demande pas la réponse
« à cette question, je la sais. Cependant ce sont ces
« hommes qu'on tolère à l'armée prussienne, qui en
« sont l'avant-garde, avec un petit nombre d'Autri-
« chiens aussi barbares qu'eux.

« Venons à ces Autrichiens.

« Depuis le funeste traité de 1756, la France, après
« avoir sacrifié ses alliances naturelles, était devenue
« la proie de l'avidité de la cour de Vienne ; tous nos
« trésors servaient à assouvir l'avarice des Autrichiens.
« Aussi dès le commencement de notre révolution,
« dès l'ouverture des assemblées nationales sous le
« nom d'États généraux, les intrigues de la cour de
« Vienne se multiplièrent pour égarer la nation sur
« ses vrais intérêts, pour tromper un roi malheureux
« et mal entouré, et enfin pour le rendre parjure.

« C'est à la cour de Vienne que Louis XVI doit sa
« déchéance. Qu'a fait cette cour, dont la politique
« tortueuse est trop subtile pour développer une con-
« duite franche et courageuse ?

« Elle a peint les Français comme des monstres,
« pendant qu'elle-même et les coupables émigrés
« payaient des agitateurs, des conspirateurs, et entre-
« tenaient sous toutes les formes possibles la plus
« affreuse discorde.

« Cette puissance, plus formidable à ses alliés qu'à
« ses ennemis, nous a attiré une grande guerre contre
« un roi que nous estimons, contre une nation que
« nous aimons et qui nous aime ; ce renversement de
« tous les principes politiques et moraux ne peut pas
« durer.

« Le roi de Prusse connaîtra un jour tous les crimes
« de l'Autriche, dont nous avons les preuves, et il la
« livrera à notre vengeance. Je peux déclarer à l'uni-
« vers entier que les armées réunies contre les forces
« qui nous envahissent ne peuvent pas se résoudre
« à regarder les Prussiens comme leurs ennemis, ni
« le roi de Prusse comme l'instrument de la perfidie
« et de la vengeance des Autrichiens et des émigrés.
« Ils ont une idée plus noble de cette courageuse
« nation, et d'un roi qu'ils se plaisent à croire juste
« et honnête homme.

« Le roi, dit-on, ne peut abandonner ses alliés ;

« sont-ils dignes de lui ? Un homme qui se serait asso-
« cié avec des brigands, aurait-il le droit de dire qu'il
« ne peut pas rompre avec cette société ? Il ne peut
« pas, dit-on, rompre son alliance : sur quoi est-elle
« fondée ? Sur des perfidies et des projets d'envahis-
« sement.

   « Tels sont les principes d'après lesquels le roi de
« Prusse et la nation française doivent raisonner pour
« s'entendre.

   « Les Prussiens aiment la royauté parce que depuis
« le grand électeur ils ont eu de bons rois, et que celui
« qui les conduit est sans doute digne de leur amour.

   « Les Français ont aboli la royauté, parce que depuis
« l'immortel Henri IV, ils n'ont cessé d'avoir des
« rois faibles ou orgueilleux, ou lâches, ou gouvernés
« par des maîtresses, des confesseurs, des ministres
« insolents ou ignorants, des courtisans vils et bri-
« gands, qui ont affligé de toutes les calamités le
« plus bel empire de l'univers.

   « Le roi de Prusse a l'âme trop pure pour ne pas
« être frappé de ces vérités ; je les lui présente pour
« l'intérêt de sa gloire, et surtout pour l'intérêt de
« deux nations magnanimes, dont il peut d'un mot
« assurer le bonheur ou le malheur, car bien certain
« de résister à ses armes, bien certain qu'aucune
« puissance ne peut venir à bout de conquérir la
« France, je frémis en pensant au malheur affreux de

« voir nos plaines jonchées des cadavres de deux
« nations estimables pour une vaine idée de point
« d'honneur dont un jour le roi lui-même rougirait en
« voyant son armée et son trésor sacrifiés à un système
« de perfidie et d'ambition qu'il ne partage pas et dont
« il est la dupe.

« Autant la nation française, devenue républicaine,
« est violente et capable de tous les efforts quelconques
« contre les ennemis, autant elle est aimante et géné-
« reuse envers ses amis. Incapable de courber la tête
« devant des hommes armés, elle donnera tous ses
« secours, son sang même, pour un allié généreux ;
« et s'il fut une époque où l'on ait pu compter sur
« l'affection d'une nation, c'est celle où la volonté
« générale forme les principes invariables d'un gouver-
« nement; c'est celle où les traités ne sont plus sou-
« mis à la politique astucieuse des ministres et des
« courtisans. Si le roi de Prusse consent à traiter avec
« la nation française, il se fera un allié généreux,
« puissant et invariable ; si l'illusion du point d'hon-
« neur l'emporte sur ses vertus, sur son humanité,
« sur ses vrais intérêts, alors il trouvera des ennemis
« dignes de lui, qui le combattront avec regret, mais
« à outrance, et qui seront perpétuellement rempla-
« cés par des vengeurs, dont le nombre s'accroît
« chaque jour, et qu'aucun effort humain n'empêchera
« de vivre ou mourir libre.

« Est-il possible que, contre toutes les règles de la
« vraie politique, de la justice éternelle et de l'huma-
« nité, le roi de Prusse consente à être l'exécuteur
« des volontés de la perfide cour de Vienne ; sacrifie
« sa brave armée et ses trésors à l'ambition de cette
« cour qui, dans une guerre qui lui est directe, a la
« finesse de compromettre ses alliés, et de ne fournir
« qu'un faible contingent pendant qu'elle seule, si
« elle était généreuse et brave, devrait en supporter
« tout le poids ? Le roi de Prusse peut jouer en ce
« moment le plus beau rôle qu'aucun roi puisse jouer.
« Lui seul a eu des succès, il a pris deux villes : mais
« il ne doit ses succès qu'à la trahison et à la lâcheté.

« Depuis lors il a trouvé des hommes libres et cou-
« rageux, à qui il n'a pu refuser son estime. Il en
« trouvera encore un plus grand nombre ; car l'armée
« qui arrête sa marche grossit tous les jours. Elle est
« pure, animée d'un seul esprit ; elle est purgée des
« traîtres, des lâches qui ont pu faire croire que la
« conquête de la France était facile ; et bientôt, au lieu
« de se défendre elle attaquera, si une négociation
« raisonnable ne met pas une distinction entre le roi
« et son armée que nous estimons, et les Autrichiens
« et les émigrés que nous méprisons. Il est temps
« qu'une explication franche et pure termine nos dis-
« cussions ou les confirme, et nous fasse connaître
« nos vrais ennemis.

« Nous les combattrons avec courage, nous sommes
« sur notre sol, nous avons à venger les excès com-
« mis dans nos campagnes, et il faut bien se persua-
« der que la guerre contre des républicains fiers de
« leur liberté, est une guerre sanglante qui ne peut
« finir que par la destruction totale des oppresseurs
« ou des opprimés.

« Cette terrible réflexion doit agiter le cœur d'un
« roi humain et juste, il doit juger que, bien loin de
« protéger par les armes le sort de Louis XVI et de
« sa famille, plus il restera notre ennemi, plus il
« aggravera leurs calamités.

« J'espère, en mon particulier, que le roi de Prusse
« dont je respecte les vertus, et qui m'a fait donner
« des marques d'estime qui m'honorent, voudra bien
« lire avec attention cette note que me dicte l'amour
« de l'humanité et de ma patrie.

« Il pardonnera la rapidité et l'incorrection du style
« de ces vérités à un vieux soldat, occupé plus essen-
« tiellement encore des opérations militaires qui doi-
« vent décider du sort de cette guerre.

« Le général en chef de l'armée du Nord,

« *Signé :* DUMOURIEZ. »

Pendant que Dumouriez faisait publier ce mémoire
et l'adressait au roi de Prusse, il reçut de Manstein la
lettre suivante en réponse à la sienne du 28 septembre.

« La lettre que je viens de recevoir de votre part
« par le lieutenant Qualtini me surprend. Il paraît
« que nous n'avez pas voulu entrer, mon général, dans
« le sens de la déclaration, ni saisir le véritable esprit
« qui l'a dictée, et que vous préludez sur le parti que
« la nation pourrait prendre sur ce qui en fait l'objet
« principal.

« Je regretterais infiniment que, faute de nous être
« parlé, l'on précipitât des démarches que l'on pour-
« rait peut-être éviter, si nous pouvions nous revoir
« encore une fois. Cette réflexion et l'amour de l'hu-
« manité me prescrivent le devoir de vous proposer
« un entretien pour demain vers midi aux avant-postes
« de nos deux armées. La nôtre ne sera pas la pre-
« mière à rompre la trève.

« J'attends votre réponse, et quel que soit l'effet de
« notre entrevue, j'en tirerai toujours l'avantage de
« vous réitérer de bouche les assurances de la consi-
« dération avec laquelle j'ai l'honneur d'être, Mon-
« sieur,

« Votre très humble et très obéissant serviteur,

« *Signé :* MANSTEIN.

« Au quartier général de Hans, le 29 septembre
« 1792. »

Dumouriez répondit immédiatement :
« Il m'est impossible, Monsieur, de continuer ni

« trève ni négociation, si on prend pour base le mani-
« feste du duc de Brunswick. Je l'ai envoyé hier par
« un courrier extraordinaire à la Convention nationale.

  « J'ai fait moi-même imprimer cette pièce selon le
« désir que vous m'en avez témoigné, et d'après
« l'avance que vous m'avez faite que vous la feriez
« imprimer vous-même.

  « L'armée de Kellermann et la mienne la connais-
« sent déjà, et je ne peux à présent qu'attendre des
« ordres de mon souverain, qui est le peuple français
« rassemblé en Convention nationale par ses repré-
« sentants ; il me devient même impossible d'avoir la
« satisfaction de vous voir tant que cette pièce subsis-
« tera. Ce que j'ai écrit est un mémoire particulier,
« ce qu'a écrit le duc de Brunswick est un manifeste.

  « Ce manifeste porte avec lui la menace et la guerre ;
« ainsi il a rompu tout le fil de la négociation.

  « Il n'entre nullement dans le sens de tout ce qui
« a été dit entre nous depuis quatre jours : il le détruit
« même complètement, il est même contradictoire
« avec la conversation dont M. le duc de Brunswick
« a honoré l'adjudant-général Thouvenot.

  « Jugez vous-même, Monsieur, avec impartialité :
« oubliez un moment que vous êtes Prussien, soyez
« neutre.

  « Que penseriez-vous d'une nation qui, sans avoir
« été vaincue, se plierait devant un manifeste, et trai-

« terait sous les conditions d'esclavage, lorsqu'elle
« s'est déclarée républicaine ? Je prévois des malheurs
« pour tout le monde, et j'en gémis. Mon opinion sur
« votre honnête homme de roi, sur votre estimable
« nation et sur vous-même, me font voir avec le plus
« grand regret que la négociation ne peut se faire
« avec des manifestes.

« Je n'en estimerai pas moins toute ma vie le plaisir
« de vous avoir connu et de vous aimer et estimer.

« Le général en chef,

« *Signé :* DUMOURIEZ. »

Ainsi qu'on vient de le voir, la trève était rompue ;
les armées se mirent en mesure de recommencer les
hostilités.

La Convention d'ailleurs, consultée par Dumouriez,
avait répondu, comme autrefois le Sénat romain,
qu'elle ne traiterait avec l'ennemi *que lorsqu'il serait
sorti de France*. Il fallait donc s'attendre, d'un jour à
l'autre, à voir recommencer la guerre.

Mais le roi de Prusse avait reçu le mémoire de
Dumouriez dont la courtoisie n'excluait pas la fermeté
du langage, et il venait d'apprendre, à Valmy, ce que
valait l'armée française.

D'un autre côté, il ne se dissimulait pas la situation
critique dans laquelle il se trouvait.

Marcher en avant était devenu sinon impossible,

du moins fort intempestif. Les pluies continuelles, la disette, le froid, et par dessus tout l'épidémie qui chaque jour augmentait d'intensité dans son armée, ne lui permettaient guère de risquer une nouvelle attaque dont l'issue lui paraissait douteuse. Il fallait cependant prendre un parti. Il prit celui de se retirer dans le Luxembourg pour attendre la saison nouvelle, et donna le signal de la retraite.

Déjà, profitant de la trève, le roi de Prusse avait fait filer ses gros équipages, qui auraient pu l'embarrasser dans une marche rétrograde, et dans la nuit du 30 septembre au 1er octobre le camp de la Lune fut levé.

Kellermann voulait poursuivre immédiatement l'ennemi ; mais forcé d'attendre les ordres de Dumouriez, il ne put se mettre en marche que le 8 octobre.

Les Prussiens avaient conséquemment huit jours d'avance sur lui. Il les atteignit cependant ; et, aidé des généraux Valence et Dillon, il leur reprit Verdun et Longwy en leur imposant ses conditions.

Ainsi se termina cette campagne dont Kellermann recueillit tout l'honneur, parce que, seul, il arrêta l'ennemi.

Elle est, dit l'auteur des mémoires de Dumouriez, digne de l'attention de tous les militaires.

Tous ses détails sont instructifs, et méritent d'être étudiés. Sa singularité en a fait longtemps un pro-

blème historique, même pour ceux qui y ont coo-
péré ; le tableau qu'elle présente est extraordinaire.

Un général français (1) chef d'un grand parti,
ayant été l'idole de sa nation, ayant eu toute la confiance de ses soldats, se révolte contre le pouvoir
législatif, devenu seul représentatif par la captivité du
roi, s'enfuit ; son armée, qui n'est que de vingt-trois
mille hommes, reste sans généraux, sans officiers
supérieurs, désorganisée, consternée.

Dans le même temps, un roi puissant, à la tête de
quatre-vingt mille hommes, entre en France : deux
villes se rendent sans avoir tenté de se défendre.

Un général peu connu, n'ayant jamais commandé
en chef, arrive, prend une position très forte, il est
forcé et entouré ; il s'échappe, sauve une armée
d'une déroute, prend un second camp, y est enveloppé par l'ennemi qui est entre Paris et lui.

Cette formidable armée qui n'est qu'à six lieues de
Châlons, à dix de Reims, ne pénètre pas même à
Châlons ni à Reims, perd près de trente mille hommes
dont tout au plus deux mille par les armes, évacue
les deux places qu'elle a prises et se retire en Allemagne.

Tous ces évènements, qui tiennent du merveil-
leux, se passent en moins de six semaines, et la

(1) Lafayette.

France est sauvée d'un des plus grands dangers que présentent ses fastes.

La bataille de Valmy, où furent tirés plus de vingt mille coups de canon, eût une immense importance.

Elle fut la première victoire de la Révolution et préluda, en quelque sorte, à toutes celles qui suivirent pendant vingt ans.

Elle sauva la France de l'invasion.

Elle remplit notre jeune armée d'un enthousiasme indescriptible, et lui donna la confiance dans sa force et dans ses chefs.

Enfin, elle jeta l'armée ennemie dans la crainte et le découragement.

CHAPITRE VIII

Fête au camp de Dampierre. — Kellermann est appelé à l'armée
des Alpes. — Il est fait maréchal de France et duc de Valmy. —
Sa mort. — Obélisque de Valmy.

UELQUES jours après la bataille de Valmy,
Kellermann demanda au gouvernement
l'autorisation de faire chanter un *Te Deum*
pour rendre grâces à Dieu du succès de ses armes ;
mais on lui prescrivit de substituer à ce chant celui
de la *Marseillaise*.

Il y eut, en conséquence, fête civile au camp de
Dampierre-sur-Auve. Cette fête consista surtout en
chants patriotiques, en harangues et en illumina-
tions.

Le général Kellermann reçut les témoignages les
plus flatteurs de la reconnaissance publique, et fut
nommé au commandement en chef de l'armée des
Alpes.

5

Plus tard, en 1807, l'empereur Napoléon l'éleva à la dignité de maréchal de France, et lui conféra le titre de duc de Valmy, qui s'est perpétué dans sa famille.

Le maréchal Kellermann mourut le 12 septembre 1820, à l'âge de 85 ans.

Par son testament, il demanda que son cœur fût déposé dans la plaine de Valmy. Son fils a rempli ce vœu.

En 1821, une pyramide fut élevée sur le champ de bataille, du produit d'une souscription volontaire promptement remplie par les habitants de Sainte-Ménehould, de Châlons, de Valmy et autres lieux.

Ce monument est placé de manière à être en vue du village de Valmy et de la grande route de Châlons à Sainte-Ménehould, à l'endroit même où se donna la bataille.

Le 3 septembre en a eu lieu l'inauguration.

Après les cérémonies religieuses qui se célébrèrent dans l'église de Valmy, le cortège s'achemina vers l'obélisque. Quatre anciens officiers portaient le cœur du maréchal, que suivaient le général Kellermann son fils, M. Barthélemy, sous-préfet de Sainte-Ménehould, M. Dorville, maire de Valmy, le colonel Tancarville, près de deux mille assistants et la garde nationale de Valmy sur les flancs.

Arrivé sur le terrain, on se rangea autour de l'obélisque, on y lut l'inscription suivante, dictée par le maréchal lui-même et gravée sur deux faces de la pyramide :

I

Champ de bataille du 20 septembre 1792.

II

Ici sont morts les braves du 20 septembre 1792.
Un soldat qui les commandait en ce jour, le général Kellermann, maréchal duc et pair de France, a voulu en mourant que son cœur fût placé au milieu d'eux.

On a ajouté, sur les deux autres faces, les deux inscriptions suivantes :

III

Des Français reconnaissants, à celui qui les a préservés de l'invasion.

IV

Consacré le 3 septembre 1821, par F.-N. Kellermann fils, C. Kellermann fille et le général Lery, gendre du maréchal.
Le lieutenant-général Kellermann, remplissant un

devoir pieux, vint déposer le cœur du maréchal son père, sous la base de ce monument, en présence de toutes les populations des environs accourues pour assister à cette touchante cérémonie.

ÉPILOGUE

———

DE tous les évènements de cette époque, un point se détache vif et lumineux : c'est l'enthousiasme produit par la liberté.

Vivre libre ou mourir ! tel est le cri de la nation. L'unique mobile des actions de tous les citoyens : c'est la liberté.

Le renversement de tout ce qui peut porter atteinte à la liberté remplit la France du plus sublime enthousiasme, et est accueilli partout avec les plus vifs transports de joie.

L'enthousiasme crée ce terrible élan d'énergie et de courage qui défie les privations, les souffrances et la mort.

Les puissances étrangères menacent la France, elles veulent étouffer la liberté naissante. Un cri général se fait entendre : « Courons à l'ennemi ! » et de nombreux bataillons semblent sortir de terre.

Les émigrés ont dépeint l'armée comme un ramas-

sis de gens sans aveu et sans cœur, un tas de lâches
et de peureux que quelques régiments de uhlans
pourront facilement dissiper, et voilà que l'enthousiasme de la liberté en a fait des héros.

La liberté, mot magique, qui enfante des prodiges
de gloire et de grandeur.

La liberté, c'est le caractère principal, dominant
de l'époque.

Nous ne pouvons terminer cette remarque sans
citer un fragment d'une lettre de l'armée de Kellermann. Cette lettre, que nous avons lue dans le
Moniteur universel du 16 octobre 1792, montrera
mieux que tout ce que nous pourrions dire l'enthousiasme qui animait nos soldats :

« Parmi les traits d'intrépidité et d'héroïsme si mul-
« tipliés dans la fameuse journée du 20 qui sauva la
« France, plusieurs n'ont pas été connus. En voici
« deux qui sont bien dignes de l'admiration d'un
« peuple républicain :

« L'Ajax français Beurnonville, tandis que les bou-
« lets et les bombes tombaient comme la grêle, par-
« courait les rangs des bataillons et les encourageait
« à se préparer à vaincre ou à mourir ; il lui vint dans
« l'idée de leur dire : « Enfants ? asseyez-vous, vos
« dangers seront moins grands ; » tous lui crièrent :
« Vous êtes bien à cheval. » Aucun de ces braves ne
« plia le jarret.

« Dans cet instant, il se passa une scène des plus
« touchantes et qui fut remarquée de toute l'armée :
« un jeune militaire se porte en avant du front, après
« en avoir obtenu la permission, pour aller embrasser
« son frère qui venait d'être tué d'un boulet. Ce
« tribut fraternel payé à la nature, cet intéressant
« militaire, tout en essuyant ses larmes, vint reprendre
« son poste et se mit à crier : « Vive la Nation ! »

Une autre remarque à faire et qui ne touche que
l'armée ennemie, c'est qu'en entrant en France, son
chef avait promis que son armée ne commettrait
aucune licence, aucun désordre, et qu'elle paierait
toutes les fournitures qu'on lui ferait. Elle fit précisé-
ment le contraire. : elle pilla, elle brisa, elle dévasta
sans nécessité.

Chose surprenante, elle n'épargna ni les châteaux,
ni les fermes, ni les maisons des émigrés ses alliés.
Le village de Somme-Bionne fut totalement saccagé,
la ferme de Maigneux dévastée et le château de Hans
ne dut son salut qu'à la présence du roi de Prusse,
qui l'avait choisi pour son quartier général.

Semblable à ces hordes normandes et hongroises
qui, aux IXe et Xe siècles, ravageaient nos plus belles
provinces, les Prussiens, en 1792, ne laissaient rien
debout sur leur passage. Partout ils semaient avec la
ruine, la terreur et l'effroi. Les populations des campagnes, à leur approche, fuyaient épouvantées enle-

vant avec elles ce qu'elles avaient de plus précieux, et abandonnaient à la rapacité germanique leurs maisons, leurs bestiaux et leurs récoltes (1).

Ainsi furent tenues les promesses faites par un ennemi qui se disait généreux et qui ne fut que perfide et barbare.

Ses promesses fallacieuses ne purent tromper que lui-même, et elles ne trompèrent que lui.

Il quitta la France en fuyard, chargé du mépris et de l'exécration d'un peuple auquel il était venu pour ravir la liberté.

(1) Nous n'en citerons qu'un exemple pris entre mille, et qui nous a été raconté par l'héroïne de ce drame et que ses petits-enfants racontent encore aujourd'hui.

Deux familles de Somme-Bionne, que l'approche de l'ennemi avait affolées de peur, résolurent de partir ; et, dans ce but, elles chargèrent sur une voiture leur mobilier pour le conduire à Châlons.

Une jeune fille de vingt ans et un de ses cousins prirent place dans le véhicule qui partit au pas du cheval.

Cependant les voyageurs n'étaient pas sans appréhension sur ce qui pouvait leur arriver pendant un voyage de huit lieues ; mais l'idée d'échapper aux Prussiens leur donnait du courage et de la force. D'ailleurs les récits qu'on leur avait faits de la conduite des ennemis dans les pays où ces derniers avaient passé, avaient jeté la terreur dans leur jeune imagination, et la pensée seule d'être rencontrés les faisait frémir d'épouvante.

Chemin faisant, ils s'entretenaient de ce qu'ils avaient entendu raconter et s'applaudissaient d'avoir eu le courage de fuir.

Déjà ils avaient parcouru une distance de près d'une lieue et se croyaient sauvés, lorsqu'ils furent rencontrés par des uhlans qui exploraient le pays et qui les arrêtèrent.

Les uhlans se mirent aussitôt en devoir de visiter la voiture et pendant un quart d'heure, ils fouillèrent sans trouver rien de compromettant pour les voyageurs. Ils allaient peut-être les laisser continuer paisiblement leur route, lorsque tout à coup l'un d'eux, plus acharné que les autres dans ses recherches, découvrit dans le fond de la voiture un vieux fusil qu'il s'empressa de montrer à ses camarades.

Dès ce moment, le sort des voyageurs fut décidé, et les uhlans entourant leur voiture les forcèrent à les suivre dans leur camp.

Cependant les chemins défoncés par les pluies étaient difficiles ; le cheval ne marchait que lentement. Tout à coup il s'arrêta et parut ne plus vouloir continuer sa route. Le jeune homme qui conduisait lui ayant appliqué quelques coups de fouet, l'animal se cabra, puis partit au galop.

L'un des uhlans, s'imaginant qu'il veut fuir et que la résistance du cheval n'est qu'un moyen simulé par le conducteur pour s'échapper plus sûrement, court à lui et, d'un coup de sabre, lui abat deux doigts de la main.

Un tel acte de brutale sauvagerie n'était pas de nature à rassurer les voyageurs sur les suites de leur arrestation, aussi leur anxiété était extrême.

Le sang s'échappait à flots de la blessure du jeune homme, qui n'avait d'autre pansement qu'un mouchoir de poche auquel la jeune fille ajouta sa camisole. C'est dans cet état qu'ils arrivèrent au camp prussien.

Mais là, de nouvelles angoisses les attendaient. On les fit descendre de voiture et on les conduisit près d'un grand feu sur lequel était une énorme marmite accrochée à des piquets ; des soldats se chauffaient autour.

Par un mouvement maladroit d'un Prussien, les piquets tombent et la marmite est renversée. Au même instant, une cantinière, à qui appartenait cette marmite, arrive furieuse et exige que les chiens de Français (comme elle les appelait) qu'elle considère comme la cause de l'accident, se tiennent à genoux devant un feu incandescent.

Alors la terreur succède à l'anxiété. Les cris, les vociférations

que les jeunes martyrs entendent autour d'eux leur glacent le
sang dans les veines et les plongent dans une stupeur qui les
rend presque imbéciles. Ils croient leur dernière heure arrivée et
ils s'imaginent qu'ils vont être brûlés vifs.

Il y avait plus d'une demi-heure qu'ils enduraient cet horrible
supplice, lorsqu'un officier qui parlait français vint à passer près
d'eux. Il leur adressa la parole et leur demanda la cause d'un
pareil châtiment. Mais la frayeur et les larmes suffoquent telle-
ment la jeune fille qu'elle peut à peine répondre, tandis que
son cousin, dévoré par une fièvre ardente, le regard livide et
comme pétrifié, articule à peine quelques mots inintelligibles.

Cependant l'officier, ému de compassion, les console et leur
ordonne de s'éloigner promptement.

Prenant à peine le temps de remercier leur libérateur, les jeunes
gens partent en toute hâte ; mais, à peine ont-ils fait quelques
pas, que d'autres soldats les arrêtent et les ramènent près du feu
en les maltraitant.

Heureusement, l'officier qui les avait délivrés n'était pas loin,
il les aperçut et vint les délivrer une seconde fois. Il leur donna
un laisser-passer avec un soldat pour les guider et leur recom-
manda de se hâter parce que la bataille allait commencer.

En effet, ils n'étaient pas encore sortis du camp que le canon
tonne avec fureur, et ils assistent à la bataille au milieu d'angoisses affreuses.

Un spectacle horrible s'offrit alors à leurs yeux. Des hommes,
des soldats, creusaient des fosses profondes dans lesquelles ils
poussaient non seulement les morts, mais aussi des blessés qui
se plaignaient encore, pendant que des femmes, des cantinières,
des convoyeuses dépouillaient avec avidité les corps sanglants de
ces malheureux, et, par un raffinement de cruauté que la barbarie
et la cupidité peuvent seules expliquer, leur coupaient les oreilles
et les empochaient pour avoir les anneaux d'or que beaucoup
portaient.

La bataille terminée, les deux jeunes gens s'éloignèrent et,
marchant à l'aventure au milieu d'une nuit obscure, évitant les
chemins frayés pour ne pas tomber dans quelque embuscade, ils

arrivèrent à Argers épuisés et mourant de faim. On leur offrit l'hospitalité dans une auberge occupée par des soldats français. ils étaient sauvés !

Le blessé fut étendu sur un lit où reposaient déjà des soldats et la jeune fille s'assit près d'un bon feu où elle ne tarda pas à s'endormir profondément.

En s'éveillant, elle se trouva avec effroi enveloppée d'un long manteau dans les bras d'un officier, dont les cheveux déjà blanchis par les ans la rassura en lui disant : « Ne craignez rien, mon « enfant, je ne vous ai prise dans mes bras que pour vous pro- « téger contre une chute qui aurait pu vous blesser. J'ai des filles « de votre âge, et je serais heureux que l'on fît pour elles ce que « je fais pour vous, si le malheur voulait qu'elles se trouvassent « un jour dans les conditions où vous vous êtes trouvée. Reposez- « vous donc ; je veille sur vous. »

La jeune fille, brisée par les émotions de la journée et par la fatigue, rassurée par les paroles bienveillantes de l'officier, se rendormit bientôt.

Le lendemain, nos deux voyageurs se rendirent à pied chez des parents à Sainte-Ménehould.

L'héroïne de ce drame se maria quelque temps après et vint habiter Valmy, où elle mourut âgée de plus de quatre-vingts ans.

C'était Mᵐᵉ Fricotel la mère.

PERSONNAGES

qui ont visité le champ de bataille de Valmy

Le champ de bataille de Valmy a été et est encore aujourd'hui fréquemment visité par les hommes qui s'intéressent à l'art militaire et à la stratégie.

Des officiers supérieurs, des généraux, des littérateurs, des fonctionnaires de tous ordres ont parcouru et étudié ce vaste champ de bataille.

Nous n'entreprendrons pas de faire l'énumération de ces visiteurs, la liste en serait trop longue et même impossible ; mais nous nous contenterons de citer entr'autres celles de Napoléon Iᵉʳ, en 1807 ; de Louis-Philippe et de ses fils, en 1831 ; de la duchesse d'Orléans, en 1836 et celle de la princesse Ginetti, dernière descendante des ducs de Valmy, en 1886.

I

Visite de Napoléon Ier

Au mois de juillet 1807, Napoléon Ier, revenant de son entrevue avec l'empereur de Russie, sur le radeau du Niémen, passa par Sainte-Ménehould avec Murat et s'y arrêta.

Curieux de visiter le camp de la Lune et de Valmy, il se fit accompagner de Drouet, l'ex-maître de poste, alors sous-préfet de Sainte-Ménehould.

Tous trois allèrent parcourir ce fameux champ de bataille et en reconnaître les différentes positions.

L'empereur entra dans les plus grands détails, se faisant rendre compte des moindres circonstances.

Il retourna ensuite à Sainte-Ménehould, très satisfait de cette promenade stratégique, et parut content de son cicerone qui, un mois après, reçut la décoration de la Légion d'honneur (1).

(1) *Histoire de Sainte-Ménehould*, page 639, note 3.

II

Visite de Louis-Philippe et de ses Fils

En 1831 Louis-Philippe, à peine assis sur le trône, voulut revoir ces mêmes champs de Valmy, où il avait si vaillamment combattu, et ce voyage qu'il entreprit fut, en partie, déterminé par le souvenir de la part qu'il avait prise au succès de la bataille du 20 septembre.

Le roi arriva le 8 juin, vers deux heures, à la maison de la Lune, où l'attendaient le sous-préfet de Sainte-Ménehould, la garde nationale à cheval de cette ville, et la majeure partie de la population des communes voisines.

Le roi monta immédiatement à cheval, ainsi que le duc d'Orléans et le duc de Nemours, dont il était accompagné. Dans ce moment le sous-préfet s'étant présenté pour servir de guide :

« Je suis ici sur mon terrain, dit le roi, c'est moi « qui en servirai. »

En arrivant près de Gizaucourt, le roi fut agréablement surpris par une salve d'artillerie ; c'était la batterie de la garde nationale de Châlons, qui était partie dès le matin, avait pris position à Valmy, et qui distinguait ce qui se passait sur la route, malgré une distance de trois kilomètres.

Le roi se rendit à Dampierre-sur-Auve, quartier général de Kellermann, et fut reconnu par le propriétaire de la maison où il avait logé, de là il se dirigea sur Valmy (1).

A l'entrée du village, l'administration du pays attendait le roi sous un arc de triomphe ; le maire, Varin, entouré du conseil municipal et de la garde nationale, lui adressa les paroles suivantes :

« SIRE,

« Lorsque partout sur votre passage, la population « s'empresse et se réjouit, les habitants de Valmy que « vous avez si vaillamment défendus ne pouvaient « rester insensibles et froids.

(1) *Annuaire de la Marne,* 1832.

« Eux aussi se réjouissent de vous voir, parce qu'ils
« vous portent dans leurs cœurs, parce qu'ils ont
« placé en vous tout leur espoir et toute leur affec-
« tion.

« Eux aussi vous bénissent, parce qu'au milieu des
« maux qui affligeaient la patrie, vous n'avez pas dé-
« sespéré de son salut.

« Eux aussi vous aiment, parce que vous vous
« êtes souvenu d'eux au jour de votre grandeur et
« de votre triomphe.

« SIRE,

« L'intérêt tout particulier que vous avez bien voulu
« nous montrer, nous impose de grandes obligations,
« nous saurons les remplir. »

« Plus d'une fois déjà, songeant à vos bienfaits, et
« vous rendant amour pour amour, nous avons juré
« de vivre et de mourir pour vous.

« Nous resterons fidèles à ce serment

« Vive le Roi ! »

Le roi remercia le maire par quelques paroles affec-
tueuses, puis il traversa le village sous un berceau de
verdure, au milieu d'une foule d'habitants des campagnes accourues de tous côtés pour le saluer.

Il examina longtemps l'emplacement des batteries
qu'il commandait en avant et à l'ouest du moulin.

Pendant ce temps, les artilleurs châlonnais simulaient le combat de 1792 en dirigeant leur feu sur la Lune.

La rapidité et la précision de leur manœuvre fut remarquée par le roi. Il fit cesser le feu et vint au milieu de la batterie leur adresser les paroles les plus obligeantes.

En se préparant à partir, il passa devant les pièces. Le lieutenant Bellois, craignant quelque accident, lui dit : « Sire, il y a du danger, nos pièces sont chargées. »

Le roi, continuant sa marche, lui répondit :

« Ah ! mes amis, je suis bien tranquille, celles-là « ne me feront jamais de mal. »

Parvenu au pied de la pyramide élevée à la mémoire de Kellermann, un vieux canonnier de 92 lui dit : « Sire, mon général, j'ai eu le bras emporté à Valmy, « en servant les batteries que vous commandiez, la « Convention m'a accordé une pension de huit cents « francs, on l'a réduite à cent soixante-dix-sept, j'en « demande le rétablissement. »

Le roi lui donna la croix qu'il portait en lui disant :

« Je suis heureux de récompenser sur le lieu même « où j'ai défendu la patrie, un brave mutilé en com- » battant pour elle ; je m'occuperai de ta pension. »

Il accorda également une décoration à un artilleur de la garde nationale de Châlons, à qui elle avait été promise à Waterloo.

De Valmy, le roi descendit au pas jusqu'au village de Dommartin-la-Planchette, et là, il reconnut dans le maire de la commune celui qui l'était déjà en 1792.

Se tournant du côté de M. de Jessain, qui était dans sa voiture, il lui dit en riant :

« M. le Préfet, je vous croyais le doyen de nos « fonctionnaires ; mais vous avez votre ancien dans « le maire de Dommartin. »

Le roi alla ensuite visiter une petite maison dans laquelle il avait couché la veille de la bataille ; le maître et la maîtresse de la maison vivaient encore et le reconnurent parfaitement.

Le vieux propriétaire était revêtu d'un habit qu'il avait prêté trente-neuf ans auparavant à son hôte trempé de pluie, et n'ayant pas de quoi changer. Cet habit avait été soigneusement conservé depuis cette époque.

Le roi fut touché de la vive affection que lui témoignaient ces braves gens, et leur laissa en partant des marques de sa munificence.

Le roi est remonté en voiture et arriva à sept heures du soir à Sainte-Ménehould.

Il fit son entrée dans la ville, à cheval, et passa la garde nationale en revue sur la place d'Austerlitz.

Le soir il honora de sa présence le bal qui lui était offert par la ville.

Le lendemain matin, l'artillerie de Châlons, qui

avait suivi le roi de Valmy à Sainte-Ménehould, salua
le réveil des princes d'une salve de vingt et un coups
de canon, qu'elle répéta au moment de leur départ
pour leur faire ses adieux (1).

(1) *Annuaire de la Marne*, 1832.

III

Visite de la duchesse d'Orléans

En 1836 la duchesse d'Orléans se rendant à Paris pour son mariage voulut aussi visiter le champ de bataille de Valmy.

Elle arriva à la porte d'Orbéval, vers deux heures après midi.

Le maire, le conseil municipal, la garde nationale et tous les habitants de Valmy l'attendaient.

Les demoiselles de Valmy lui offrirent un bouquet qu'elle accepta ; et mademoiselle Varin, la fille du maire, lui adressa l'allocution suivante :

« MADAME,

« En déposant à vos pieds les hommages et les « vœux d'une population avide de vous voir et déjà

« fière de vous appartenir, je voudrais pouvoir vous
« exprimer tout ce que votre présence a mis d'amour,
« de joie et d'espérance dans nos cœurs.

« Mais les faits parleront pour moi, car voyez,
« Madame, voyez partout comme tout s'en vient,
« comme tout s'empresse, comme tout se réjouit
« auprès de vous ; c'est que vous nous apparaissez
« cent fois plus belle et plus aimable encore qu'on
« nous l'avait annoncé ; c'est que nous avons deviné
« tout ce qu'il y a de bonté, de candeur, de vertu, de
« générosité dans l'âme de Votre Altesse royale ;
« c'est, Madame, qu'il ne nous a fallu qu'un moment
« pour reconnaître que la destinée du Prince et celle
« du pays ne pouvaient être remise en de plus belles
« et plus dignes mains.

« Heureux Prince, heureux pays, tous leurs vœux
« sont exaucés ! Grâces à vous, Madame, puisque
« c'est vous, vous surtout qu'ils désiraient.

« Mais la Providence, en vous plaçant au milieu
« d'eux, comme un ange de réconciliation et de paix,
« fait assez voir que les jours de colères sont passés,
« et que ceux de la loyauté commencent pour ne
« jamais finir. »

La jeune princesse remercia avec affabilité et an-
nonça qu'elle voulait se rendre au lieu même où
repose le cœur du duc de Valmy, sur le champ de
bataille.

Toutes les populations accourues la suivirent.

Après avoir admiré le site et s'être fait expliquer les différentes positions occupées pendant la bataille, elle détacha une pierre de la colonne, demanda quelques fleurs cueillies sur les lieux mêmes et partit aux acclamations mille fois répétées de « Vive la princesse Hélène » !

IV

Visite de la princesse Ginetti

Le 20 septembre 1886, la princesse Ginetti (1), accompagnée de son fils, le prince Edmond, vint visiter le champ de bataille de Valmy. C'était en quelque sorte un pèlerinage qu'elle venait faire au lieu où repose le cœur du maréchal, son bisaïeul.

Elle arriva à Valmy vers midi, et fut reçue à la gare par le maire.

Le conseil municipal, la fanfare et toute la population du pays l'attendaient à la maison commune.

La réception fut des plus enthousiastes et des plus franches, car la princesse Ginetti était déjà connue par

(1) Henriette-Lucie-Frédérique, fille unique de François-Christophe-Edmond Kellermann, duc de Valmy, arrière-petite-fille du maréchal Kellermann, filleule du duc de Bordeaux et de la duchesse de Parme, mariée en 1859 au prince romain Caracciolo Ginetti, duc d'Atripolda.

sa munificence et sa charité envers les pauvres de Valmy.

Elle fut vivement touchée de l'accueil sympathique qui lui fut fait, et remercia chaleureusement le maire des paroles de bienvenue qu'il lui adressa.

Elle se dirigea ensuite vers le champ de bataille, causant familièrement avec ceux qui l'entouraient, et au milieu des acclamations de toute la population qui l'escortait.

Arrivée près de l'obélisque, elle se fit expliquer les différentes positions occupées par les armées en 1792 et se retira satisfaite.

Elle quitta Valmy, laissant de nombreux bienfaits dont le souvenir restera à jamais gravé dans la mémoire des habitants.

Le samedi 7 juillet 1888 un service funèbre fut célébré dans l'église de Valmy pour le repos de l'âme du prince Edmond, enlevé prématurément, au mois de juin, à l'âge de vingt et un ans, à l'affection de sa mère.

Tous ceux qui l'avaient acclamé deux ans auparavant vinrent pleurer la mort d'un prince plein d'espérance et d'avenir, et qui seul pouvait un jour porter le titre de duc de Valmy.

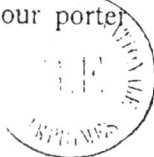

TABLE DES MATIÈRES

CHAPITRE IV

CHAPITRE V

CHAPITRE VI

CHAPITRE VII

CHAPITRE VIII

10011 — Imp. coop. de Reims (N. Monce, dir.), rue Pluche, 24.

www.ingramcontent.com/pod-product-compliance
Lightning Source LLC
Chambersburg PA
CBHW052054270326
41931CB00012B/2755